Surendra Verma

IDEIAS GENIAIS

Descobertas por acidente, erros surpreendentes e escorregões que mudaram a nossa visão sobre a Ciência

TRADUÇÃO
Ana Carolina Oliveira

Copyright © Surendra Verma
Copyright © 2016 Editora Gutenberg

Título original: *Beginnings, Blunders and Breakthroughs in Science*

Todos os direitos reservados pela Editora Gutenberg. Nenhuma parte desta publicação poderá ser reproduzida, seja por meios mecânicos, eletrônicos, seja cópia xerográfica, sem autorização prévia da Editora.

EDITORA RESPONSÁVEL
Silvia Tocci Masini

EDITORES ASSISTENTES
Felipe Castilho
Nilce Xavier

ASSISTENTES EDITORIAIS
Andresa Vidal Branco
Carol Christo

PREPARAÇÃO DE TEXTO
Bete Abreu

REVISÃO
Cristiane Maruyama

CAPA
Alberto Bitencourt

DIAGRAMAÇÃO
Larissa Carvalho Mazzoni
Waldênia Ataíde

Dados Internacionais de Catalogação na Publicação (CIP)
Câmara Brasileira do Livro, SP, Brasil

Verma, Surendra

   Ideias geniais : Descobertas por acidente, erros surpreendentes e escorregões que mudaram a nossa visão sobre a Ciência. / Surendra Verma ; tradução Ana Carolina Oliveira. -- 1. ed. -- Belo Horizonte : Editora Gutenberg, 2016.

   Título original : *Beginnings, Blunders and Breakthroughs in Science*
   ISBN 978-85-8235-357-8

   1. Cientistas 2. Descobertas em ciência I. Título.

16-00492   CDD-509

Índices para catálogo sistemático:
1. Ciência : História 509

A **GUTENBERG** É UMA EDITORA DO **GRUPO AUTÊNTICA**

São Paulo
Av. Paulista, 2.073 . Conjunto Nacional . Horsa I
23º andar . Conj. 2310-2312 . Cerqueira César
01311-940 . São Paulo . SP
Tel.: (55 11) 3034 4468

Belo Horizonte
Rua Carlos Turner, 420
Silveira . 31140-520
Belo Horizonte . MG
Tel.: (55 31) 3465 4500

www.editoragutenberg.com.br

sumário

Introdução	13
c.1700 a.C. – Egito: π - De olhos arregalados, depois de todos esses anos	15
c.580 a.C. – Grécia: Elementos - "Todas as coisas são água"	16
c.530 a.C. – Grécia: Terra redonda - Que ideia estranha!	17
c.420 a.C. – Grécia: Átomos - A opinião de Demócrito	18
c.350 a.C. – Grécia: Zoologia - É verdade porque Aristóteles disse que é	19
c.320 a.C. – Grécia: Botânica - O homem da botânica	20
c.300 a.C. – Alexandria: Algoritmo - O passo a passo para a aprendizagem	21
c.280 a.C. – Grécia: A Terra se move ao redor do Sol - Outra ideia estranha!	22
c.260 a.C. – Siracusa: Empuxo - O primeiro momento de "Eureca!"	23
c.260 a.C. – Siracusa: O princípio da alavancagem - "Deem-me um ponto de apoio e levantarei o mundo"	24
c.240 a.C. – Alexandria: O tamanho da Terra - Uma façanha extraordinária	25
c.200 a.C. – Índia: Zero - Ele é algo, ele é nada?	26
77 – Roma: *Naturalis Historia* - Simplesmente não conseguiu se manter afastado	27
150 – Alexandria: Almagesto - "A ambrosia dos deuses"	28
c.250 – Alexandria: Álgebra - O enigma de Diofanto	29
1038 – Egito: Óptica - O mestre "maluco" da óptica	30
c.1150 – Índia: Moto-contínuo - Infringindo a lei	31
1377 – China: Ábaco - O mais antigo teclado	32
c.1450 – Alemanha: Prensa móvel - "Uma escrita muito clara e legível"	33
c.1530 – Suíça: Conectando a medicina à química - A revolução médica da Renascença	34
1543 – Itália: Anatomia humana - Uma costela a menos	35

1543 – Polônia: De Revolutionibus Orbium Coelestium - Sol, detém-se...	36
1572 – Dinamarca: Supernova - A explosão de um mito	37
1581 – Itália: Pêndulo - O lustre que balançava	38
1600 – Inglaterra: De Magnete - Não, não confundam a mente dos alunos	39
1619 – Alemanha: Leis do movimento planetário - "A sorte está lançada"	40
1628 – Inglaterra: A circulação do sangue - "Minha confiança está em meu amor pela verdade"	41
1632 – Itália: Diálogo sobre os dois principais sistemas do mundo - Um julgamento e uma retratação pública	42
1637 – França: Geometria analítica - A união da álgebra com a geometria	43
1637 – França: Último teorema de Fermat - Melodrama algébrico	44
1643 – Itália: Barômetro - A natureza não odeia o vácuo	45
1661 – Inglaterra: Elementos químicos - A causa do deleite real	46
1666 – Inglaterra: Espectro de cores - Um divertimento muito agradável	47
1669 – Alemanha: Fósforo - O elemento da vida e da morte	48
1677 – Holanda: Microrganismos - "Pequenos animálculos"	49
1687 – Inglaterra: Princípios matemáticos da filosofia natural - O livro que mudou a visão mundial do universo	50
1700 – Dinamarca: Escalas de temperatura - Graus de diferença	51
1701 – Alemanha: Sistema binário - Contando em 0s e 1s	52
1705 – Inglaterra: Órbitas dos cometas - Grandes bolas de fogo	53
1735 – Suécia: ♂ e ♀ - Os homens são de Marte, as mulheres são de Vênus	54
1752 – Estados Unidos: Eletricidade atmosférica - Um raio surpreendente	55
1767 – Inglaterra: Água com gás - Uma sensação de formigamento	56
1767 – Escócia: Balões de hidrogênio - Quando o saco flutuou até o teto	57
1775 – Áustria: Magnetismo animal - "Noventa por cento balela"	58
1776 – Rússia: Quadrados latinos - Deus existe, assim como o sudoku	59
1781 – Inglaterra: Urano - O fervor astronômico descobre um novo planeta	60
1784 – Inglaterra: A água é um composto - Descobrindo o H_2O	61
1790 – França: O sistema métrico de medida - A filha de Litre, chamada Millie	62
1791 – Itália: Eletricidade animal - O mestre da dança das rãs	63

1794 – Alemanha: Meteoritos - Pedras dos céus 64
1796 – Inglaterra: Vacinação - Sabedoria popular 65
1798 – Áustria: Frenologia - Lendo "caroços" na cabeça 66
1798 – Inglaterra: Daltonismo - "Gostar de uma cor tão viva" 67
1799 – França: Deus joga dados? - Talvez 68
1800 – Itália: Bateria elétrica - Napoleão leva um choque elétrico 69
1801 – Itália: Asteroides - Um presente do novo século 70
1810 – Alemanha: Homeopatia - Pequenas pílulas brancas de açúcar 71
1812 – Alemanha: Linhas de Fraunhofer - A a Z do espectro 72
1814 – Suécia: Símbolos químicos - A linguagem da química 73
1827 – Alemanha: A lei de Ohm - "Uma lei de extrema simplicidade" 74
1835 – Estados Unidos: O grande engodo da Lua - "Os Homens Morcego" da Lua 75
1839 – França: Fotografia - "Capturei a luz" 76
1839 – Estados Unidos: Vulcanização - A descoberta feita na cozinha que tornou possível a existência dos pneus. 77
1842 – Estados Unidos: Anestesia cirúrgica - "Brincadeiras" anestésicas 79
1843 – Inglaterra: Programação de computadores - Tecendo padrões algébricos 80
1845 – Suíça: Nitrocelulose - Um acidente químico na cozinha 81
1847 – Alemanha: Lei da Conservação da Energia - Uma lei sagrada não pode ser transgredida 82
1848 – Escócia: Escala de temperatura absoluta - "Classes, lasses and asses" 83
1856 – Inglaterra: Malva - A cor púrpura 84
1858 – Alemanha: Fita de Möbius - Um enigma topológico 85
1859 – Inglaterra: A revolução de Darwin - A origem das espécies 86
1859 – Alemanha: A hipótese de Riemann - O mais importante problema não resolvido da matemática 87
1861 – França: Afasia - O problema de Tan 88
1865 – Bélgica: A estrutura do benzeno - "Vamos aprender a sonhar" 89
1865 – Inglaterra: Cirurgia antisséptica - "Onde estão essas pequenas criaturas?" 91
1865 – Alemanha: A morte térmica do universo - Entropia 92
1869 – Rússia: Tabela periódica - Funciona como um sonho 93

1872 – Inglaterra: Chuva ácida - Há algo no ar … 94
1876 – Estados Unidos: Telefone - Não atenda esse telefone! … 95
1879 – França: *Souvenirs Entomologiques* - Contos simpáticos sobre pequenas criaturas … 96
1879 – Estados Unidos: Adoçantes artificiais - Doces acidentes … 97
1882 (Itália) e 1897 (Alemanha): O sistema imunológico humano - Na defesa … 98
1884 – Suécia: Dissociação Iônica - A menor nota para ser aprovado … 99
1891 – Alemanha: Propriedades da tensão superficial da água - Química de pia de cozinha … 100
1891 – Espanha: A teoria dos neurônios - Comunicando-se com 10 mil vizinhos … 101
1892 – Rússia: Vírus - Vivo ou morto? … 102
1894 – Alemanha: Catalisadores - Química jogada com uma pá … 103
1895 – Alemanha: Raios X - "Esses raios levados de Röntgen" … 104
1896 – Áustria: Psicanálise - No divã do terapeuta … 105
1896 – França: Radioatividade - Em um dia nublado em Paris … 106
1896 – Suécia: Aquecimento global - "A previsão de um cervejeiro aposentado" … 107
1897 – Inglaterra: O elétron - O elétron feliz … 108
1897 – Índia: Malária e mosquitos - "Um segredo escondido desde que o mundo começou" … 109
1900 – Alemanha: Fótons - "Então, eles realmente existem" … 110
1901 – Inglaterra-Canadá: Comunicação eletrônica universal - O "S" que mudou o mundo … 111
1901 – Suécia: O Prêmio Nobel - "O mais merecedor deverá receber o prêmio" … 112
1902 – Inglaterra: Paradoxo de Russell - O dilema do barbeiro … 113
1903 – França: Raios N - Os raios da desilusão … 114
1903 – Holanda: Eletrocardiograma - Sem agulhas ou cortes … 115
1905 – Alemanha: Terceira lei da termodinâmica - Termodinâmica de estábulo … 116
1905 – Suíça: A prova de que os átomos existem - Os átomos elusivos … 117
1905 – Suíça: Relatividade especial - Uma nova maneira de olhar para o tempo … 118
1906 – Inglaterra: Vitaminas - "O nariz de Deus" sabe se é A, B, C, D, E ou K … 119
1907 – Estados Unidos: Baquelite - Nosso futuro nos plásticos … 120
1908 – França: Caos - Efeitos pão e borboleta … 121
1908 – Alemanha: O processo de Haber - A revolução do fertilizante … 122
1909 – Croácia: Descontinuidade de Mohorovičić (Moho) - Revolvendo as camadas da Terra … 123

1909 – Estados Unidos: A carga do elétron - "Tudo que vi foi um brilho"   124

1911 – Inglaterra: Modelo atômico - Um ícone da ciência   125

1911 – Holanda: Supercondutividade - O caminho da não resistência   126

1912 – Áustria: Raios cósmicos - Um perigo cósmico   127

1912 – Inglaterra: Homem de Piltdown - Nosso falso antepassado   128

1912 – Rússia: O colesterol e o entupimento das artérias - Cuidado com o nível de colesterol em seu sangue   129

1913 – Dinamarca: Modelo atômico quântico - "Funciona, mesmo se você não acredita"   130

1913 – Inglaterra: Números atômicos - Uma identidade para os elementos   131

1913 – Estados Unidos: Linha de montagem automobilística - O mundo sobre rodas   132

1915 – Alemanha: Deriva continental - Lançando ao mar os velhos pontos de vista   133

1916 – Estados Unidos: Ligações químicas - Ganchos e olhos dos átomos   134

1921 – Canadá: Insulina - Um momento revolucionário na medicina   135

1922 – Estados Unidos: Halitose - "Sempre a dama de honra, mas nunca a noiva"   136

1923 – Suíça: Como as crianças aprendem - Pequenos cientistas descobrindo seus próprios mundos   137

1925 – Estados Unidos: O julgamento de Scopes - Um caso bizarro   138

1927 – Bélgica: Big Bang - No começo   139

1927 – Alemanha: O princípio da incerteza - Pelo amor às locomotivas   141

1928 – Inglaterra: Antipartículas - Conduzindo a Enterprise, a nave espacial do Capitão Kirk   142

1928 – Inglaterra: Penicilina - O primeiro medicamento milagroso   143

1929 – Alemanha: Ondas cerebrais - Relaxe para gerar ondas alfa   144

1929 – Estados Unidos: O universo em expansão - Restabelecendo a elegância cósmica   145

1930 – Áustria: O neutrino - Os pequenos neutros   146

1931 – Áustria: Teorema da incompletude - Existem coisas verdadeiras que não podem ser provadas?   147

1933 – Hungria: A prova mais elegante do teorema de Chebyshev - Transformando café em teoremas   148

1933 – Itália: Decaimento beta - "E esta é a teoria de Fermi sobre o decaimento beta"   149

1933 – Estados Unidos: Radioastronomia - Sussurros vindos do espaço   150

1935 – Estados Unidos: O hidrogênio é um metal - Mudando o comportamento sob pressão   151

1937 – Estados Unidos: Lentes gravitacionais - Miragem cósmica ... 152
1939 – Suíça: DDT, um pesticida potente - A razão da tristeza dos mosquitos ... 153
1939 – Estados Unidos: Produção de energia nas estrelas - Como o Sol brilha ... 154
1940 – Estados Unidos: Elementos transurânicos - Elemento 118 e ainda não acabou ... 155
1944 – Alemanha: Um fiasco do Nobel - A mulher esquecida da Física ... 156
1944 – Irlanda: *O que é vida?* - O livro que ajudou a desvendar o segredo da vida ... 157
1945 – Estados Unidos: Computação de programa armazenado - Processando uma informação após a outra ... 158
1946 – Estados Unidos: Datação por radiocarbono - A revolução do radiocarbono ... 159
1947 – Reino Unido: Holografia - A imagem inteira ... 160
1948 – Estados Unidos: Genes saltadores - Tudo se resolve ... 161
1948 – Estados Unidos: Cibernética - Quando o feedback do estômago falhou ... 162
1949 – Reino Unido: A estrutura dos nucleotídeos - A importância dos professores ... 163
1949 – Estados Unidos: Lei de Murphy - Será que levo o guarda-chuva, querida? ... 164
1950 – Estados Unidos: Paradoxo de Fermi - Onde está todo mundo? ... 165
1952 – Austrália: Espectrofotômetro de absorção atômica - Os átomos absorventes ... 166
1952 – Estados Unidos: A luta contra a pseudociência - Como não se tornar um pseudocientista ... 167
1953 – Reino Unido: A estrutura da molécula de DNA - "Encontramos o segredo da vida" ... 168
1953 – Estados Unidos: Criando vida em um tubo de ensaio - Um raio e fez-se vida ... 169
1955 – Estados Unidos: A idade da Terra - O relógio ainda está correndo ... 170
1956 – Estados Unidos: Ameaça dos meteoritos - O alerta de Chicken Little ... 171
1956 – Estados Unidos: Matéria espelhada - Através do espelho ... 172
1959 – Estados Unidos: Nanotecnologia - Há espaço suficiente no fundo? ... 173
1961 – Estados Unidos: Paradoxo do Ardil 22 - Dane-se se fizer e dane-se se não fizer ... 174
1962 – Rússia: Poliágua - Supergelada e fictícia ... 175
1962 – Estados Unidos: *Primavera silenciosa* - Um livro muito corajoso e profético ... 176
1962 – Estados Unidos: Mudança de paradigma - Uma nova maneira de pensar velhos problemas ... 177
1962 – Estados Unidos: Táquions - Rápidos ou ficção? ... 178
1965 – Estados Unidos: Radiação cósmica de fundo em micro-ondas - Medindo a temperatura do universo ... 179

1965 – Estados Unidos: Lógica difusa - Pensamento não tão difuso	181
1967 – Reino Unido: Pulsares - Os homenzinhos verdes que se desligaram	182
1969 – Estados Unidos: El Niño: Oscilação Sul (OSEN) - O moderno Netuno que rege o Pacífico	183
Década de 1970 – O Modelo Padrão - O zoológico de partículas	184
1970 – Estados Unidos: Disquete - "Floppy" na unidade de disco	185
1971 – Estados Unidos: Microprocessadores - Os chips onipresentes	186
1973 – Polônia: Princípio antrópico - O universo tem de ser do jeito que é	187
1973 – Estados Unidos: Engenharia genética - Admirável genética nova	188
1974 – Etiópia: O fóssil chamado Lucy - Uma ligação com nosso passado	189
1975 – Suíça e Reino Unido: Anticorpo monoclonal - "Balas mágicas" sob medida	190
1975 – Estados Unidos: Geometria fractal - Montanhas não são cones	192
1978 – Inglaterra: Fertilização Humana In Vitro (FIV) - Bebês como quaisquer outros	193
1981 – Estados Unidos: O computador pessoal da IBM - Zilhões de computadores	194
1982 – Estados Unidos: Fenômeno da "Depressão da Segunda-Feira" - Alguma coisa para alegrar seu dia	196
1983 – Estados Unidos: Vírus de computador - Quando um computador pega uma gripe	197
1984 – Austrália: Tratamento de úlcera estomacal - Uma sensação na boca do estômago	198
1984 – Reino Unido: Impressão genética (ou por DNA) - Marcando os humanos com código de barras	199
1985 – Antártida: O buraco da camada de ozônio - O buraco no céu	200
1985 – Estados Unidos: Fulerenos - Bolas de futebol de carbono	201
1988 – Itália: O Santo Sudário - Desmascarando um mito	202
1989 – Estados Unidos: Fusão a frio - Quente demais para aguentar	203
1990 – Mundial: Projeto Genoma Humano - Lidando com o quebra-cabeça genético	204
1991 – Suíça: World Wide Web - Uma rede brilhante	205
1993 – Estados Unidos: Satélites de asteroides - Dactyl de Ida	206
1995 – França: Planetas extrassolares - Estranhos novos mundos	207
2004 – Reino Unido: Paradoxo da informação em buracos negros - "Agora, eu tenho uma resposta para isso"	208
2006 – Tchecoslováquia: O "novo" Sistema Solar - De pizzas a nachos	209
2012 – Suíça e França: Bóson de Higgs - Te pegamos!	210
2014 – Polo Sul: Ondas gravitacionais primordiais - Ondulações do início do universo	212

Introdução

Os designers gráficos muitas vezes simbolizam a criatividade com uma lâmpada acesa. Esse símbolo já foi aceito pelos neurocientistas. Eles descobriram que uma pequena região no lado direito do cérebro mostra um aumento marcante da atividade elétrica – seu exame por imagem de ressonância magnética funcional (fMRI), literalmente, acende-se – quando as pessoas experimentam um momento repentino de inspiração, comumente chamado de "eureca".

Thomas Alva Edison teria ficado satisfeito com essa notícia. O gênio tecnológico, autor do aforismo "Genialidade é um por cento inspiração e noventa e nove por cento transpiração", transpirou por 14 meses enquanto procurava o filamento correto para a sua invenção. Finalmente – depois de fazer experiências com milhares de tipos diferentes de fibras (incluindo o pelo das barbas de alguns homens em seu laboratório) –, ele produziu, nas palavras do *New York Herald* de 21 de dezembro de 1879, "uma luz que é um pequeno globo de raio de Sol, uma verdadeira lâmpada de Aladim".

Nem todas as descobertas científicas foram feitas com transpiração: algumas aconteceram por acidente, por pura sorte, ou simplesmente apareceram em sonhos. Alguns "avanços", na verdade, surgiram de erros terríveis. Muitos foram resultado da ignorância científica do tempo, enquanto outros talvez tenham sido enganos deliberados de cientistas desesperados por reconhecimento e glória, como dá a entender a seguinte "oração dos *Investigadores*":

> *Concedei, ó Senhor, Sua bênção*
> *para minha teoria e minha afirmação.*
> *Evitai que cada fato conferido*
> *Prove que Vosso servo tinha mentido.*
> – *Pauta da Sociedade Química*, janeiro de 1963

Este livro traça um percurso sinuoso de inícios, fiascos e avanços científicos nos últimos quatro milênios, e revela as personalidades fascinantes por trás deles: seus processos criativos de descoberta e seus triunfos ou tragédias.

Os fantasmas de Edison – e do químico sueco Svante Arrhenius, que, em 1896, foi o primeiro a alertar para o aquecimento global – ficarão felizes quando os progressos em economia de energia, como a lâmpada fluorescente compacta e as de LED, que consomem muito menos energia elétrica, substituírem para sempre a lâmpada incandescente de Edison. No entanto, enquanto a curiosidade humana continua a prosperar, o "pequeno globo de Sol" permanece conosco, como um símbolo daqueles momentos memoráveis de eureca, que anunciam descobertas científicas.

Boa leitura!

De olhos arregalados, depois de todos esses anos

Matemáticos egípcios desconhecidos

c.1700 a.C.

Egito: π

O Pi é um número sem fim; são necessários infinitos dígitos para expressá-lo como um número decimal.

O que os supercomputadores fazem por diversão? Alguns jogam xadrez, outros calculam o valor do Pi. O último recorde para calcular o valor é de 1.241.100.000.000 casas decimais. Isso foi conseguido em 2002 por um supercomputador da Universidade de Tóquio. Por que calcular o Pi com trilhões de dígitos se, até mesmo para a concepção de uma sonda espacial, você não precisa saber o valor com mais do que alguns dígitos? Como George Mallory, famoso por tentar escalar o Monte Everest, qualquer fã do Pi diria: "Porque ele está lá".

O Pi cativou a imaginação de matemáticos desde os tempos antigos. A partir de um rolo de papiro antigo escrito em c. 1700 a.C. pelo escriba egípcio Ahmes, descobrimos que os matemáticos egípcios usavam 3,16 como o valor do Pi. A grande contribuição matemática de Arquimedes foi aproximar esse valor para 3,14 (o valor correto é 3,14159...). Até Newton se viu tentado a fazer isso. Ele calculou o valor com quinze casas decimais, mas nunca ficou muito orgulhoso da sua conquista. "Tenho vergonha de contar a quantos dígitos cheguei com esses cálculos, não tendo nenhuma outra ocupação no momento", escreveu a um amigo.

Se você não tiver outra ocupação no momento e se sentir tentado a memorizar o valor do Pi com vinte casas decimais, aqui está uma forma mnemônica (basta contar o número de letras de cada palavra para ter o valor de cada casa decimal).

Sir, I bear a rhyme excelling
In mystic force and magic spelling
Celestial sprites elucidate
All my own striving can't relate[1]

---

[1] Senhor, trago rimas que primam/pela mística força e mágica grafia. Espíritos celestes elucidam/o que meu próprio esforço não avalia.

c.580 a.C.

Grécia:
Elementos

"Todas as coisas são água"

Tales (c.624 – c.545 a.C.)

Tales foi o primeiro a questionar do que o universo era composto.

Tales, o fundador da ciência, matemática e filosofia gregas, responde à pergunta dizendo que "todas as coisas são água", e qualquer coisa que não parecia ser água tinha sido água e tinha sido modificada por algum processo natural. "A água é o primeiro princípio, ou o elemento, da natureza", disse ele. Esse ponto de vista pode não parecer científico para nós, mas, no contexto da mitologia da qual se originou, era revolucionário. Ele ofereceu uma base racional, ao invés de uma explicação sobrenatural. Sua teoria foi derivada de fatos observados.

Tales também fez a primeira previsão precisa de um eclipse solar. Não se sabe como ele chegou à data do eclipse – 28 de maio de 585 a.C. –, mas seu interesse por estrelas é fundamentado por esta famosa história. Uma noite, enquanto caminhava, ele olhava para o céu e caiu em uma vala. Uma menina ajudou-o a sair do buraco e observou, sarcástica: "Aqui está um homem que quer estudar as estrelas, mas não consegue ver o que está a seus pés".

Em c.350 a.C., o filósofo grego Aristóteles propôs que o mundo era feito a partir de quatro elementos: terra, água, ar e fogo. Cada um desses elementos era caracterizado por duas das quatro qualidades opostas: quente, frio, úmido e seco. A terra era fria e seca; o ar, quente e úmido; a água, fria e molhada, e o fogo, quente e seco. A influência de Aristóteles foi extraordinária, e sua visão dominou o pensamento científico até que foi substituída, em 1661 d.C., pela concepção dos elementos químicos (*veja p. 46*).

Que ideia estranha!

Pitágoras (c.580 – c.500 a.C.)

c.530 a.C.

*Grécia:
Terra redonda*

Pitágoras foi o primeiro filósofo grego a sugerir que a Terra era redonda.

"A Terra é uma esfera que flutua no espaço", ele declarou. Um silêncio sepulcral caiu sobre a sala de aula, lotada de entusiasmados ouvintes de todos os tipos. Eles ficaram surpresos ao ouvir isso e se perguntaram como poderiam viver em uma esfera. "Não é um disco plano que flutua no ar, como acreditavam outros filósofos. O círculo é a forma geométrica mais perfeita; a esfera é a mais perfeita de todas as figuras sólidas. Então, a Terra, o Sol, as estrelas, os planetas e o universo como um todo devem ser esféricos", argumentou o palestrante, conhecido como Pitágoras de Samos.

Pitágoras viajou muito e se destacou em matemática. Enquanto viajava pelo Egito, descobriu seu famoso teorema: em um triângulo retângulo, a soma das áreas dos quadrados dos catetos equivale à área do quadrado da hipotenusa.

Depois de viajar por mais de 30 anos, ele se estabeleceu em Croton, uma colônia grega no sul da Itália, onde fundou uma escola filosófica e religiosa. Suas aulas eram tão inspiradoras, que alguns de seus alunos formaram uma fraternidade para dar continuidade a suas ideias. Eles chamavam a si mesmos de "pitagóricos".

A "estranha" ideia de Pitágoras sobre a Terra ser redonda foi baseada em sua observação de que ela projeta uma sombra circular na Lua durante eclipses. Ela foi aceita por Aristóteles e outros filósofos gregos e tornou-se de conhecimento geral. Pitágoras também supostamente criou a palavra grega *philosophes* ("amigo da sabedoria", filósofo).

A opinião de Demócrito

c.420 a.C.

Grécia: Átomos

Demócrito (c.460 – c.370 a.C.)

"O universo é composto de átomos e espaço vazio. Tudo mais é simplesmente ilusão", disse Demócrito.

A noção de átomo pode ter se originado na Babilônia, no Egito ou na Índia, mas o primeiro conceito muito parecido com o da ciência moderna foi proposto pelo filósofo grego Leucipo (século V). Ele disse que tudo era composto de minúsculas partículas tão pequenas, que nada menor era concebível. Demócrito, aluno de Leucipo, adotou e estendeu as ideias do seu professor. Demócrito ensinou que a matéria era composta de espaço vazio e um número infinito de partículas minúsculas, que eram indivisíveis. Deu a elas o nome de "átomos" (que, na verdade, significa "indivisível"). Acreditava que eles estavam sempre em movimento e que, enquanto se moviam, colidiam: às vezes se interligando e formando um conjunto, às vezes ricocheteando nessas colisões.

Quando ficou cego, mais para o fim da vida, Demócrito afirmou que o que ele podia ver com o "olho da alma" era mais verdadeiro e mais bonito do que as coisas vistas com os olhos do corpo. Ele decidiu morrer de fome. Quando descobriu que provavelmente morreria durante um festival, o que privaria sua irmã das festividades, ele prolongou a vida, inalando o aroma de fatias de pães quentes.

Aristóteles e outros filósofos gregos rejeitaram a opinião de Demócrito. Preferiram acreditar em seus quatro "elementos" – terra, ar, fogo e água – a partir dos quais todo o mundo teria sido criado, e a teoria atômica de Demócrito ficou perdida por 2 mil anos.

É verdade porque Aristóteles disse que é

Aristóteles (384 – 322 a.C.)

c.350 a.C.

Grécia:
Zoologia

Aristóteles foi o fundador da zoologia.

Os estudos científicos de maior sucesso de Aristóteles foram na área da biologia. Ele era um observador meticuloso e estudou em primeira mão mais de 500 espécies de animais, dos quais dissecou quase 50. Discutiu a anatomia humana e animal e a função dos órgãos (embora erroneamente tenha sugerido que o coração era o centro da consciência, não o cérebro); descreveu como os pintos se desenvolviam dentro de ovos, e os mamíferos bebês dentro de suas mães; fez distinção entre baleias, golfinhos e peixes; estudou a organização social das abelhas e afirmou que só havia um monarca na colmeia (apesar de tê-lo chamado de "rei" e não de "rainha"); corretamente reconheceu que os golfinhos eram animais que respiram, e não peixes, como as pessoas acreditavam; e tentou classificar os animais de acordo com as características que tinham em comum – seus livros sobre animais são repletos de centenas dessas observações, algumas das quais só foram confirmadas muitos séculos depois.

A obra de Aristóteles sobre animais constitui o maior acervo na área daquela época, mas não foi isenta de erros. O maior elogio aos talentos de Aristóteles como biólogo vem de Darwin, que disse que os biólogos modernos Lineu e Cuvier eram "meros estudantes, se comparados a Aristóteles".

Aristóteles ainda é admirado como grande filósofo, mas, em matéria de ciência, ele estava errado a maior parte do tempo. No entanto, por mais de 2 mil anos, suas ideias dominaram o pensamento científico e foram aceitas sem questionamento. Nunca houve um cientista cujos ensinamentos receberam uma espécie de reverência divina por tanto tempo.

c.320 a.C.

Grécia: Botânica

O homem da botânica

Teofrasto (c.372 – c.287 a.C.)

Teofrasto deu início à ciência botânica.

Teofrasto foi aluno de Aristóteles e sucedeu-o como chefe do Liceu, a academia fundada pelo mestre. Ele foi o primeiro a fazer perguntas como "Quais são as semelhanças e diferenças entre as plantas?" e buscar respostas científicas para elas. Dividiu o mundo das plantas em dois reinos – com floração e sem floração – e classificou mais de 500 espécies de plantas em um dos quatro grupos: árvores, arbustos, subarbustos e ervas. Ele também inventou novos termos para descrever suas estruturas e funções.

Seus trabalhos sobre botânica mostram anotações claras e concisas, provando que ele era um observador perspicaz das histórias de vida das plantas. Na Grécia antiga, a oliveira era o símbolo da vitória e do compromisso (o ramo de oliveira ainda é o símbolo da paz); e os vitoriosos nos jogos em Olímpia eram agraciados com coroas feitas de ramos de oliveira. Teofrasto descreveu plantas utilizadas em Olímpia, mais de quatro séculos antes de seu tempo, e mencionou "a oliveira em Olímpia, a partir da qual as coroas para os jogos são feitas".

Descrito pelo biólogo suíço do século XVIII, Albrecht von Haller, como o "primeiro botânico verdadeiro", Teofrasto influenciou botânicos durante séculos. Atualmente, ele é lembrado não tanto por seus trabalhos botânicos, mas pelos retratos de tipos humanos – como o Homem Intrometido ("promete coisas que não pode cumprir"), o Homem Fanfarrão ("vangloria-se das campanhas que fez com Alexandre") e o Homem Bajulador ("ansioso para sentar-se ao lado do anfitrião, seu vizinho de mesa") – que ainda podem ser reconhecidos hoje.

O passo a passo para a aprendizagem

Euclides (fl. c.300 a.C.)

> c.300 a.C.
>
> *Alexandria:*
> *Algoritmo*

Um algoritmo é um conjunto de regras para resolver um problema específico.

O nome de Euclides está intrinsecamente ligado à geometria, pois ele escreveu o livro de geometria mais famoso de todos os tempos. *Elementos* foi, por 2 mil anos, o único livro de geometria, e suas regras básicas ainda são ensinadas nas escolas. Euclides também é conhecido pela resposta com que repreendeu o rei Ptolomeu I do Egito, quando ele lhe perguntou se havia uma maneira mais fácil de aprender geometria: "Não há estrada real para a geometria". A razão da sua presença neste livro deve-se ao fato de ele ser o autor de um dos algoritmos mais antigos: um algoritmo para calcular o máximo divisor comum de dois números inteiros.

No entanto, a palavra é relativamente recente. Ela vem do nome do matemático árabe do século IX, Muhammad ibn Musa al-Khwarizmi. Seu último nome – al-Khwarizmi – foi latinizado como *algorismus* e usado para se referir à arte de calcular. Tornou-se algoritmo, em português.

Em 1937, Alan Turing, o brilhante matemático britânico, famoso por quebrar o código da máquina Enigma da marinha alemã durante a Segunda Guerra Mundial, deu ao algoritmo uma definição matematicamente precisa. Ele fez isso através do desenvolvimento de um computador teórico. A máquina imaginária – com dois ou mais estados possíveis, que reagiam a uma entrada para produzir uma saída – obedecia às instruções impostas por um algoritmo. O método de aplicação de um algoritmo a uma entrada para obter uma saída é chamado de computação. A máquina de Turing forneceu a base teórica para o desenvolvimento dos computadores digitais. Ada Lovelace escreveu o primeiro algoritmo para um computador em 1843 (*veja p. 80*).

c.280 a.C.

*Grécia:
A Terra se move ao
redor do Sol*

Outra ideia estranha!
Aristarco de Samos (c.310 – 230 a.C.)

Aristarco foi o primeiro filósofo grego a sugerir que a Terra se movia ao redor do Sol.

No século III a.C., as pessoas acreditavam que a Terra era o centro do universo, e o Sol se movia ao redor dela. Em seu livro *O contador de areia*, Arquimedes, um contemporâneo mais jovem de Aristarco, creditou a ele a hipótese de que a Terra não era o centro do universo, mas, sim, que ela girava em torno do Sol. A ideia de a Terra se mover parecia totalmente estranha naqueles dias e foi, naturalmente, rejeitada por seus contemporâneos. Eles acharam ridículo imaginar que algo tão grande e maciço quanto a Terra pudesse estar em movimento.

Aristarco foi o primeiro astrônomo a aplicar a matemática a observações astronômicas, a fim de fazer deduções lógicas. Seu único livro conhecido, *Sobre os tamanhos e distâncias entre o Sol e a Lua*, trata das medições relativas do Sol, da Lua e da Terra. A partir de seus cálculos, ele deduziu que a distância entre o Sol e a Lua era 19-20 vezes maior do que a distância entre a Lua e a Terra. O número real é cerca de 390 vezes. A partir de um eclipse lunar, ele estimou que a Terra devia ter o dobro do diâmetro da Lua, embora o número real seja de cerca de quatro vezes o diâmetro da Lua. Embora seus cálculos estivessem errados, suas técnicas de medição matemáticas eram estritamente científicas.

A hipótese de Aristarco de o Sol ser o centro do universo foi reavivada, em 1543, por Copérnico (*veja p. 36*). É por isso que às vezes Aristarco é chamado de "o Copérnico da Antiguidade".

O primeiro momento de "Eureca!"

Arquimedes (c.287 – 212 a.C.)

c.260 a.C.

*Siracusa:
Empuxo*

Um corpo imerso em um fluido está sujeito a uma força ascendente igual em magnitude ao peso do fluido que ele desloca.

Hoje, Arquimedes, o maior cientista, gênio matemático e mecânico da Antiguidade, é lembrado principalmente pela história de que teria saído correndo nu pelas ruas gritando: "Eureca! Eureca!". O rei Hierão de Siracusa, suspeitando que seu ourives tivesse adulterado sua coroa de ouro, recém-forjada, com prata, pediu a Arquimedes para descobrir a verdade, sem danificar a coroa. Arquimedes descobriu que a coroa tinha sido adulterada, juntamente com seu famoso princípio científico, na hora do banho. Ele notou que, enquanto entrava em uma banheira cheia de água, o nível da água subia. O banho lendário de Arquimedes deu a todos os cientistas uma palavra com a qual comemorar suas descobertas e uma desculpa, se assim desejarem, para correr nus pelas ruas.

Menos conhecida é a história da trágica morte de Arquimedes. Quando o general romano Marco Cláudio Marcelo tomou Siracusa, uma cidade grega na Sicília, ele deu ordens para que Arquimedes fosse poupado. Mas as ordens nunca chegaram ao destacamento de soldados romanos, que o acharam absorto, desenhando algumas complicadas figuras geométricas na areia. Vendo os soldados, Arquimedes gritou: "Não toquem em meus desenhos!". Um dos soldados atravessou uma lança pelo corpo do grande pensador, quando ele poderia muito bem estar contemplando algo mais para o benefício da humanidade.

Os romanos o sepultaram com honras e marcaram seu túmulo com uma esfera inscrita em um cilindro. Ele tinha pedido que, quando de sua morte, seu túmulo fosse marcado com esse desenho particular, com uma inscrição que apresenta a diferença entre os volumes dentro e fora da esfera.

Veja também PRINCÍPIO DA ALAVANCAGEM, p. 24.

c.260 a.C.

*Siracusa:
O princípio da alavancagem*

"Deem-me um ponto de apoio e levantarei o mundo"

Arquimedes (c.287 – 212 a.C.)

A alavanca (usada com um ponto de apoio ou pivô apropriado) amplia a força e a velocidade.

Arquimedes chegou a esse princípio pelo raciocínio de que dois pesos iguais, pendurados nas extremidades de uma haste uniforme, que estivesse suspensa em seu centro, se equilibrariam. Diz a lenda que, quando descobriu a incrível capacidade de a alavanca facilitar o trabalho pesado, ele ficou tão animado que foi se gabar ao rei Hierão de Siracusa, seu parente e amigo.

"O rei Hierão implorou a Arquimedes que colocasse sua teoria em prática e lhe mostrasse um peso considerável sendo movido por uma força ínfima", conta o historiador grego Plutarco em seu livro *A vida de Marco Cláudio Marcelo* (d.C. 75). "Arquimedes, então, escolheu um navio mercante de três mastros, da frota real, que tinha sido arrastado para a costa com o extremo sacrifício de muitos homens, e, depois de colocar a bordo inúmeros passageiros e a carga habitual, sentou-se a certa distância da embarcação. Acionou, sem grande esforço e em silêncio, um sistema de polias compostas, puxando a embarcação suave e uniformemente na sua direção, como se ela estivesse deslizando pela água." A multidão ficou encantada ao ver um mortal levantar, sozinho, um navio totalmente carregado.

A alavanca é um dos seis tipos de máquinas simples – alavanca; roda e eixo; polia (família da alavanca); rampa; calço; e parafuso (família do plano inclinado) – e todos eles fazem parte das máquinas complexas. A gangorra de playground é um exemplo comum da alavanca em ação.

Veja também *EMPUXO, p. 23*.

Uma façanha extraordinária

Eratóstenes (c.275 – 194 a.C.)

c.240 a.C.

*Alexandria:
O tamanho da
Terra*

Eratóstenes usou geometria simples para fazer uma medição extremamente precisa da Terra.

Era meio-dia do solstício de verão. Eratóstenes estava andando no mercado em Alexandria, uma colônia grega no Egito, quando ouviu alguém dizer: "Neste horário não há sombra em nenhum lugar em minha cidade natal, Syene. Se você olhar para um poço profundo ao meio-dia, o sol se reflete diretamente da água no fundo do poço". Eratóstenes enfiou uma estaca alta no chão, em uma posição perpendicular, de maneira que ela projetasse uma sombra cujo comprimento fosse um quinquagésimo de sua altura. Com a ajuda de seus instrumentos geométricos, ele descobriu que os raios do Sol estavam incidindo sobre um ângulo de 7,2°, que é um quinquagésimo de 360°.

Ele argumentou que a superfície da Terra era curva, fazendo com que o ângulo dos raios do Sol fosse diferente em diferentes locais. Como os raios solares são paralelos, ele sabia, a partir da geometria, que o tamanho do ângulo medido era igual ao tamanho do ângulo entre as duas linhas desenhadas do centro da Terra até Syene (hoje, Assuã) e até Alexandria, respectivamente. Conhecendo a distância entre os dois locais, calculou que a circunferência da Terra era 50 vezes maior que a distância. Eratóstenes chegou a um número de 39.350 km, enquanto a verdadeira circunferência média é de 40.033 km.

Lembramos de Eratóstenes não só por medir o tamanho da Terra, mas também pelo "Crivo de Eratóstenes", um método para identificar números primos. Ele ficou cego em 195 a.C. e morreu no ano seguinte de inanição voluntária.

c.200 a.C.

Índia: Zero

Ele é algo, ele é nada?
Matemáticos hindus desconhecidos

Existem dois usos para o zero: o próprio número, que significa "nada", e seu uso como um indicador de lugar vazio em nosso sistema de notação posicional.

O zero, como o conhecemos hoje, apareceu pela primeira vez em 458 d.C. em um texto hindu sobre cosmologia, mas evidências indiretas mostram que ele já podia estar em uso desde 200 a.C. No começo, era representado por um ponto, que mais tarde foi substituído pelo símbolo circular familiar, 0.

O zero mais antigo da história apareceu na Babilônia, no século IV a.C. O zero babilônico, usado para marcar uma unidade ausente em seu sistema de numeração sexagesimal (base 60), não representava "o número 0", e não tinha o significado de "nada", como em "5 - 5 = 0".

No século VIII d.C., o sistema de notação posicional indiano de números com base em 1, 2, 3, 4, 5, 6, 7, 8, 9 e 0 – agora conhecido como decimal ou sistema de numeração de base 10 – espalhou-se para os países árabes. No século XII, o matemático italiano Leonardo Fibonacci introduziu na Europa o conceito de zero. O nome "zero" vem do árabe *sifr*, que também nos dá a palavra "cifra". Antigos matemáticos hindus o chamavam *sunya*, ou seja, vazio.

Você nunca vai dizer que zero é nada, se conseguir responder a qualquer das seguintes perguntas:

$n \div 0 = ?$ (qualquer número dividido por zero)

$n^0 = ?$ (qualquer número elevado à potência de zero)

$0^0 = ?$ (zero elevado à potência de zero).

Simplesmente não conseguiu se manter afastado

Plínio, o Velho (23 – 79)

Roma:
Naturalis
Historia

Naturalis Historia, primeira enciclopédia de ciência.

O estadista romano e estudioso Plínio, o Velho, ou Caio Plínio Segundo, escreveu cerca de 75 livros sobre história, gramática, retórica e história natural. Seu único livro remanescente, *Naturalis Historia*, é o levantamento mais completo de aprendizagem científica no mundo antigo. Seus 37 volumes de história natural abrangem cosmologia, astronomia, meteorologia, geografia, zoologia, botânica, agricultura, medicina, minerais e metais.

Plínio descreve o tema de seu livro como "o mundo da natureza ou, em outras palavras, a vida" e admite que ele contém pouco trabalho original, sendo uma compilação de fatos de 4 mil outros autores. Escrito em latim, *Historia* foi copiado com frequência ao longo dos séculos. Impresso pela primeira vez em 1469, em Veneza, foi traduzido para o inglês em 1601.

Quando, em 79, o vulcão Vesúvio entrou em erupção e soterrou as cidades de Pompeia e Herculano, Plínio estava no comando de uma frota romana posicionada na Baía de Nápoles. Seu sobrinho, agora conhecido como Plínio, o Jovem, registrou o último dia do extraordinário estudioso, que morreu enquanto coletava dados. Plínio, o Velho, simplesmente não conseguiu manter-se longe do vulcão em erupção, tal era seu interesse científico por ele: ordenou que um barco observasse de perto o vulcão. "As chamas e o cheiro de enxofre, que sempre avisam que as chamas estão chegando, fizeram os outros fugirem", escreve Plínio, o Jovem. "Quando a luz do Sol voltou, no dia 26 – dois dias depois de ele ter sido visto pela última vez –, seu corpo foi encontrado intacto e sem ferimentos, ainda totalmente vestido, e parecendo mais adormecido do que morto."

150

Alexandria:
Almagesto

"A ambrosia dos deuses"
Ptolomeu (c.100 – c.170)

Almagesto, primeiro tratado completo de astronomia matemática.

A Grande Biblioteca de Alexandria era o centro cultural da época de Ptolomeu. A biblioteca tinha acumulado mais de 400 mil pergaminhos desde que foi criada, no século III a.C. Lá, Ptolomeu estudou os trabalhos de astrônomos e matemáticos da Antiguidade, e construiu a partir deles um novo sistema do cosmos. Descreveu esse sistema em um livro grego, que foi apelidado por seus admiradores de "o grande tratado". No século IX, foi traduzido para o árabe com o título *Almagesto* ("o máximo", em árabe). Ele descreve a teoria do universo – com a Terra imóvel e no centro do universo – conhecida como "o sistema de Ptolomeu". Esse sistema dominou o pensamento astronômico por quatorze séculos, até que foi derrubado por Copérnico, em 1543.

Almagesto lida com os movimentos planetários de uma forma única: com os planetas girando em um círculo ao redor de um centro em movimento. Esses ciclos e epiciclos intrigaram os astrônomos por séculos. "Se o Senhor Todo-Poderoso me tivesse consultado antes de embarcar na criação, eu teria recomendado algo mais simples", suspirou Alfonso, o Sábio, rei espanhol do século XIII, quando estudou pela primeira vez o sistema de Ptolomeu.

Mas Ptolomeu não era um astrônomo comum. Ele afirmou: "Sei que sou mortal e efêmero, mas, quando exploro as inumeráveis espirais giratórias das estrelas, já não toco mais a Terra com os pés, mas sento-me com o próprio Zeus e me alimento da ambrosia dos deuses".

O enigma de Diofanto
Diofanto (fl. c.250)

Diofanto é considerado o fundador da álgebra.

c.250

Alexandria: Álgebra

Quase nada se sabe sobre a vida de Diofanto. Os únicos detalhes que temos vêm de um enigma sobre ele na antologia grega compilada por Metrodoro, por volta de 500 d.C.

"A infância de Diofanto durou 1/6 de sua vida. 1/12 mais tarde, ele deixou a barba crescer. Depois de mais 1/7 de sua vida, ele se casou. Cinco anos mais tarde, teve um filho. O filho viveu ½ dos anos de vida do pai, e o pai morreu quatro anos depois do filho."

Se x é a idade de Diofanto, o enigma produz a equação:

$$x = 1/6\, x + 1/12\, x + 1/7\, x + 5 + 1/2\, x + 4$$

que, quando resolvida, chega a $x = 84$, como a idade de Diofanto.

Diofanto é mais conhecido por seu *Arithmetica*, um trabalho sobre a solução de equações algébricas. *Aritmética* é um dos livros mais influentes na história da matemática. Diofanto não introduziu a notação algébrica de hoje, mas foi o primeiro a usar símbolos para quantidades desconhecidas.

Os símbolos usados hoje foram introduzidos por Descartes (*veja p. 43*). Decidiu-se que as letras no início do alfabeto, *a, b* e *c*, seriam utilizadas para os números conhecidos, e o fim do alfabeto, *x, y* e *z*, para os desconhecidos. A palavra "álgebra" vem do árabe *al-jabr*, que significa "a união de peças quebradas". Essa palavra aparece no título de um livro sobre álgebra, *Kitab al-jabr w"al-muqabala*, escrito por al-Khwarizmi, em c. 825.

1038

Egito:
Óptica

O mestre "maluco" da óptica

Alhazen (965 – 1040)

O trabalho de Alhazen com óptica marcou o começo dessa ciência e influenciou cientistas durante séculos.

Abu Ali al-Hassan Ibn al-Haytham (conhecido no mundo ocidental como Alhazen) nasceu em Basra, no Iraque. De acordo com uma história popular, ele foi convidado por al-Hakim, califa do Egito, para ir até lá tentar controlar as inundações do Nilo. Quando Alhazen percebeu que essa não era uma tarefa fácil, fingiu ser louco para escapar da ira do cruel e excêntrico al-Hakim (conhecido como Califa Maluco – certa vez tinha ordenado a morte de todos os cães, pois os latidos o irritavam). Após a morte deste, em 1021, Alhazen passou a viver uma vida normal em uma casa perto de Azhar, no Cairo, escrevendo, fazendo experiências e dando aulas.

Em sua mais importante obra científica, *Kitab-al-Manazir* [O livro da óptica, em tradução livre], Alhazen rejeitou a teoria de gregos antigos, segundo a qual a visão é o resultado de raios de luz, emitidos pelo olho, que alcançam o objeto. Em vez disso, ele propôs, corretamente, que a visão se tornava possível por meio de raios de luz que se refletem no olho a partir de um objeto. Ele também explicou como as lentes funcionam e atribuiu seu poder de ampliação à curvatura de suas superfícies.

Alhazen, que agora é reconhecido como um dos cientistas islâmicos mais eminentes da Idade Média, também foi o primeiro a descrever a câmara escura (os primeiros desenhos aparecem nos cadernos de Leonardo da Vinci, em 1490). Ela consistia em um quarto escuro (*camera* significa "quarto", em latim), com um pequeno orifício redondo, por onde a luz passava, para formar uma imagem na parede oposta à da abertura.

Infringindo a lei
Bhaskara II (1114 – 1185)

c.1150

Índia:
Moto-contínuo

Bhaskara foi o primeiro a propor uma máquina de movimento perpétuo, que funcionaria para sempre, sem consumir energia.

Bhaskara (também conhecido como Bhaskaracharya, "Bhaskara, o Instruído") tem um lugar respeitado na história da matemática. Ele escreveu os primeiros trabalhos utilizando o sistema de numeração decimal. Ele também tem um lugar especial nos anais das máquinas de movimento perpétuo, como o designer de uma roda que poderia girar para sempre, embora nunca a tenha construído. A roda, com recipientes de mercúrio ao longo de sua borda, foi concebida para girar constantemente, porque ela sempre seria mais pesada de um lado do eixo.

Essa ideia, assim como as ideias de zero e números decimais, reapareceu em escritos em árabe. A partir do mundo islâmico, ela atingiu o mundo ocidental. Ao longo dos séculos, inúmeros cientistas e engenheiros tentaram – e falharam – construir máquinas de movimento perpétuo. No entanto, isso não os impediu de patentear suas criações. A primeira patente de uma máquina de movimento perpétuo foi concedida em 1635, na Inglaterra. Atualmente, a maioria dos escritórios de patentes se recusa a conceder patentes de máquinas de movimento perpétuo, sem modelos em funcionamento.

O moto-contínuo viola as leis da termodinâmica. Ele desafia a lei sacrossanta da conservação de energia (a primeira lei da termodinâmica, *veja p. 82*), segundo a qual nenhuma máquina pode produzir mais energia do que consome. A segunda lei da termodinâmica *(veja p. 92)* faz restrições sobre máquinas, como motores de carros, que fazem um trabalho motor usando calor a partir da queima de combustível. De acordo com essa lei, o calor deve fluir de um corpo mais quente para um mais frio. Isso significa que a máquina deve perder um pouco de energia, quando o calor é convertido em trabalho motor.

1377

China:
Ábaco

O mais antigo teclado
Matemáticos chineses desconhecidos

O ábaco foi o primeiro instrumento importante para calcular já inventado.

O ábaco (*suanpan*, em chinês), como o conhecemos hoje, é simplesmente um quadro retangular de hastes com contas enfiadas nelas. Um ábaco chinês típico tem treze colunas, cada uma dividida em um compartimento superior e uma plataforma mais baixa. O compartimento inferior tem cinco contas em cada coluna; o superior, duas contas por coluna. As contas do superior valem cinco vezes as contas na plataforma inferior. A primeira coluna representa as unidades individuais; a segunda, as dezenas; a terceira, as centenas, e assim por diante. Isso significa que você pode fazer cálculos com números de até 10 trilhões. Se você é um especialista, pode realizar não só adição, subtração, multiplicação e divisão, mas também frações e raízes quadradas e cúbicas.

Não sabemos ao certo quando o primeiro ábaco entrou em uso. Algum tipo de ábaco já era usado em 3000 a.C., no Oriente Médio. No entanto, o ábaco com o qual estamos familiarizados veio da China. Os historiadores contestam a data exata, mas a ilustração mais antiga conhecida do instrumento aparece em 1377, em um livro impresso em placas de madeira, e o dispositivo se tornou popular a partir da segunda metade do século XVI. Em 1822, o matemático francês Jean-Victor Poncelet, o fundador da geometria projetiva moderna, apresentou o ábaco à Europa.

Nesta época de calculadoras e computadores, por que se preocupar com um quadro de madeira? Há uma razão muito boa: se você sabe como usar o teclado mais antigo do mundo, é tão rápido quanto a calculadora eletrônica para os problemas de adição e subtração.

"Uma escrita muito clara e legível"
Johannes Gutenberg (c.1395 – 1468)

c.1450

Alemanha: Prensa móvel

A prensa móvel foi um dos avanços técnicos mais importantes da História.

Os tipos móveis foram inventados na China (feitos de barro, em c.1041, e de madeira, em c.1297). Mas, no início do século XIV, havia na Europa apenas livros escritos à mão ou alguns textos curtos, impressos por palavras esculpidas em blocos de madeira.

Gutenberg era um jovem gravador e lapidador de pedras preciosas, quando pensou em usar o tipo móvel para compor livros inteiros. Ele fez experiências ao longo de vários anos, tomando emprestado grandes somas em dinheiro para cobrir os custos. Fez moldes de letras para a fundição de caracteres individuais em metal. Inventou dispositivos para compor os tipos em uma placa de madeira e para espalhar a tinta de maneira uniforme, e, finalmente, uma prensa à mão para fazer impressões das placas sobre papel.

Ele testou sua prensa imprimindo várias vezes um poema antigo alemão. Ele agora estava pronto para o trabalho com o qual tinha sonhado durante anos: a impressão da Bíblia inteira em latim. Compôs 1.283 páginas de 42 linhas cada uma, e imprimiu 180 exemplares. O primeiro livro impresso com tipos móveis ficou pronto em 1455. A prova de que ele foi de fato um *best-seller* é encontrada em uma carta datada de 12 março de 1455, onde o escritor relatou com entusiasmo: "Eu não vi nenhuma Bíblia completa, mas sem dúvida vi um certo número de livretos de cinco páginas de vários dos livros da Bíblia, com a escrita muito clara e legível, e sem quaisquer falhas... mesmo antes de os livros estarem prontos, havia clientes querendo comprá-los".

c.1530

*Suíça:
Conectando a
medicina à
química*

A revolução médica da Renascença

Paracelso (1493 – 1541)

"O verdadeiro propósito da alquimia não é produzir ouro, mas sim preparar medicamentos", declarou Paracelso.

O Dr. Theophrastus von Hohenheim ficou tão impressionado com as obras de Celso, um enciclopedista médico romano do século I, que se autodenominou Paracelso, que significa "superior a Celso". Na época de Paracelso, a prática da medicina era baseada nas ideias dos antigos médicos gregos Hipócrates e Galeno. Basicamente, a doença era o sinal do desequilíbrio de quatro humores (fluidos corporais) – catarro, sangue, bile e bile negra –, e a tarefa do médico era restaurar o equilíbrio no corpo.

Paracelso rejeitou essas ideias e afirmou que a doença se origina de causas externas, ao invés de internas. Aplicou seu conhecimento de alquimia para procurar novos medicamentos. Ressaltou a importância de minerais em medicina e foi o primeiro a utilizar os processos de alquimia – a extração de metais puros de minérios – para fazer medicamentos a partir de compostos de antimônio, arsênio, mercúrio e zinco (introduziu o zinco ao mundo ocidental). Ele sabia que alguns dos compostos eram venenosos, mas sua defesa agradaria a profissionais modernos: "É apenas a dose que faz com que uma coisa se torne um veneno".

Embora sua vida tenha sido marcada pela arrogância (ele chamou a si mesmo de o "monarca da medicina"), pela embriaguez e pelo espírito encrenqueiro (morreu depois de ser esfaqueado em uma briga de taverna), Paracelso revolucionou a medicina, estabelecendo a importância da química na medicina. "Em experimentos, teorias ou argumentos não contam", ele insistia com seus colegas médicos. "Suplicamos que vocês não se oponham à importância do método de experimentação, mas o sigam sem preconceitos."

Uma costela a menos
Andreas Vesalius (1514 – 1564)

O relato detalhado de Vesalius da anatomia humana serviu de base para a anatomia moderna.

1543

Itália: Anatomia humana

No século XVI, muitas das falsas ideias de Galeno, um antigo anatomista grego, ainda dominavam a medicina. O conhecimento de Galeno sobre a anatomia humana era baseado na dissecação de macacos, cães e porcos. Se Galeno, por exemplo, dissesse que o coração humano só tinha duas câmaras (tem quatro), duas câmaras era tudo que ele tinha.

Vesalius, filho de um médico belga, estudou medicina na Universidade de Pádua, na Itália. Tornou-se particularmente bem versado na obra de Galeno, mas não ficou impressionado com as ideias deste sobre a anatomia humana. Quando se tornou professor na universidade, realizou suas próprias dissecações de cadáveres, inventando instrumentos e improvisando procedimentos, conforme a necessidade. Descobriu cerca de 200 erros anatômicos que Galeno tinha cometido. No entanto, não foi fácil "desbancar" Galeno. Vesalius foi ridicularizado quando disse que homens e mulheres têm o mesmo número de costelas. Naquela época, as pessoas acreditavam que os homens tinham uma costela a menos do que as mulheres por causa da história bíblica de que Eva foi criada a partir da costela de Adão.

Em 1543, Vesalius publicou suas descobertas em um magnificamente ilustrado, *De Humani Corporis Fabrica* [Da organização do corpo humano]. Esse livro de medicina anatomicamente preciso continua a influenciar a forma como olhamos para o corpo humano atualmente.

1543

Polônia: De Revolutionibus Orbium Coelestium

Sol, detém-se...
Nicolau Copérnico (1473 – 1543)

A obra *De Revolutionibus Orbium Coelestium (Das revoluções das esferas celestes)* **fundou a astronomia moderna.**

Nesse livro, Copérnico rejeitou o antigo senso comum de que a Terra ficava parada no centro do universo, e que o Sol girava em torno dela. Ao contrário, ele declarou que o Sol é o centro do Sistema Solar, com a Terra e os outros planetas girando em torno dele. Ele deu relatos detalhados dos movimentos da Terra, Lua e planetas, e disse que a Terra também gira sobre seu eixo, o que explica por que temos dias e noites.

Copérnico concluiu o livro aproximadamente em 1530, mas decidiu não publicar. Ele sabia que o livro seria apreendido e destruído pela Igreja Católica, uma vez que violava seus ensinamentos. Seu aluno e amigo Georg Rheticus levou o manuscrito para Nuremberg e imprimiu cerca de 600 cópias. Uma cópia foi enviada para o autor, mas chegou apenas algumas horas antes de sua morte.

A Igreja, como era esperado, baniu o livro e colocou-o em seu index de livros proibidos. No entanto, como testemunha este versículo (c.1712) escrito pelo poeta inglês Richard Blackmore, as ideias de Copérnico se tornaram populares muito antes de a proibição da Igreja terminar, em 1835.

*Copérnico, que com
razão condenou
este sistema antigo,
um mais sábio criou,
no qual o Sol deixa seu
repouso e gira
o globo terrestre em seus
próprios polos,
o que gera o dia e a noite,
por esse curso,
e o ano, por seu fluxo e
torto percurso.*

A explosão de um mito
Tycho Brahe (1546 – 1601)

1572

Dinamarca: Supernova

A observação de Brahe de uma supernova contrariou a antiga ideia de que o céu era fixo e imutável.

Na história da astronomia, 11 de novembro de 1572 é um dia memorável, pois, nessa data, um jovem astrônomo viu uma nova estrela ardente na constelação de Cassiopeia. Ele observou a estrela cuidadosamente, noite após noite – tão brilhante quanto Júpiter –, até que gradualmente ela desapareceu. Ele a chamou de nova e, em 1573, publicou um pequeno livro, *De Nova Stella* [Uma nova estrela], no qual sugeriu que as estrelas poderiam ter um começo, meio e fim. Essa ideia revolucionária destruiu a crença dos antigos astrônomos gregos segundo a qual as estrelas eram fixas e imutáveis. Para eles, qualquer coisa no céu que não tinha um caminho regular e previsível – incluindo meteoros ou cometas – era relacionada a fenômenos meteorológicos, como raios e arco-íris.

Hoje em dia, os cientistas sabem que Tycho (geralmente conhecido por seu primeiro nome) observou uma supernova, que foi visível nos céus do norte por quase dois anos. Uma supernova é uma velha estrela que de repente explode, destruindo-se. A matéria restante forma uma estrela de nêutrons. Tycho era um observador extraordinário do céu. Kepler foi assistente de Tycho e, após sua morte, herdou sua vasta coleção de observações planetárias. Sem esses dados, Kepler não teria chegado às suas próprias leis *(veja p. 40)*. Tycho, no entanto, discordava da teoria de Copérnico e aceitou sem questionar o dogma de que a Terra ficava parada no centro do universo e que o Sol girava em torno dela (todos os outros planetas estavam em órbita em torno do Sol e, portanto, giravam com ele). "O Sol", declarou ele, "é o líder e o rei que regula toda a harmonia da dança planetária".

1581

Itália:
Pêndulo

O lustre que balançava

Galileu Galilei (1564 – 1642)

Um pêndulo oscila em um espaço de tempo constante, o que significa que ele pode ser utilizado para cronometragem.

Galileu era um estudante de medicina de dezessete anos de idade, na Universidade de Pisa, quando fez essa descoberta surpreendente. Durante a Santa Missa na Catedral de Pisa, entediado e perdido em seus pensamentos, fixou os olhos em um lustre que balançava de uma longa corda. Pareceu-lhe que o tempo de oscilação era o mesmo, sendo ela grande ou pequena. Para testar sua intuição, ele usou sua própria pulsação: como estudante de medicina, sabia que, em condições normais, nosso pulso bate regularmente. Mais tarde, ele fez experiências com uma bola de metal suspensa por uma corda – o que hoje conhecemos como um pêndulo simples – e descobriu que estava certo. Cada oscilação da bola, grande ou pequena, levava o mesmo tempo. Isso é chamado isocronismo do pêndulo.

Em 1602, ele usou o princípio do pêndulo para inventar um instrumento para medir o pulso de pacientes. O dispositivo simples, o *pulsilogium*, mostrou-se de grande valor para os médicos. Anos mais tarde, em 1641, com 77 anos, quando estava totalmente cego, ele teve a ideia de fazer um relógio regulado por um pêndulo. Seu filho, Vincenzo, um mecânico inteligente, fez vários desenhos e modelos. No entanto, o primeiro relógio de pêndulo que funcionou foi feito pelo cientista holandês Christiaan Huygens, em 1656.

A descoberta do princípio do pêndulo por Galileu abriu caminho para a medição precisa de pequenos intervalos de tempo.

Veja também DIÁLOGOS SOBRE OS DOIS PRINCIPAIS SISTEMAS DO MUNDO, p. 42.

Não, não confundam a mente dos alunos
William Gilbert (1544 – 1603)

1600

Inglaterra:
De Magnete

De Magnete foi o primeiro trabalho erudito em física experimental.

Gilbert, médico reconhecido, foi o primeiro a perceber que a Terra é em si um ímã gigante. A agulha da bússola indicaria ângulos diferentes em diferentes pontos do globo, mas apontaria diretamente para o Polo Norte (antes, pensava-se que a bússola apontava para uma ilha magnética em algum lugar na região do Ártico). Ele criou um instrumento chamado inclinômetro, que navegadores poderiam usar para determinar latitudes em dias nublados. Também fez a distinção entre magnetismo e eletricidade estática, que eram considerados fenômenos semelhantes. O âmbar produz eletricidade estática quando esfregado com um pano. O nome grego para âmbar é *elektron*, a partir do qual Gilbert criou a palavra latina *electricitas*, em razão da propriedade que o âmbar exibia. Daí veio o termo "eletricidade".

Ele era um experimentador astuto e sustentava que "resultados mais sólidos são obtidos a partir de experiências confiáveis e argumentos demonstrados". Ele era sarcástico com relação ao conhecimento adquirido com livros e dedicou seus "fundamentos da ciência magnética" àqueles que buscam o conhecimento não nos livros, mas nas "próprias coisas".

Enquanto Gilbert era um entusiasta do sistema de Copérnico, o grande experimentador estava errado quando especulou que o magnetismo era a verdadeira causa da rotação da Terra. Mas sua ciência foi rápida no gatilho quando ele criticou – com toda a força das injúrias – as supostas máquinas magnéticas de movimento perpétuo, exclamando: "Que os deuses amaldiçoem todas essas obras fraudulentas, desonestas e distorcidas que só confundem a mente dos alunos".

1619

Alemanha: Leis do movimento planetário

"A sorte está lançada"

Johannes Kepler (1571 – 1630)

As três leis de Kepler sobre o movimento planetário são consideradas um marco importante na ciência.

"Nada me prende; vou ceder ao meu frenesi sagrado... Se você me perdoar, me regozijo; se você estiver com raiva, posso suportar; a sorte está lançada; o livro está escrito, para ser lido agora ou na posteridade – não faz diferença: ele pode esperar um século por um leitor." Kepler ficou radiante de alegria e louco de emoção quando descobriu sua terceira lei do movimento planetário, em 1619, segundo a qual os quadrados dos períodos orbitais dos planetas são proporcionais aos cubos de sua distância média do Sol. Ele tinha descoberto, dez anos antes, as duas primeiras leis (que os planetas se movem em órbitas elípticas com o Sol em um dos focos; e que a linha reta que une o Sol a qualquer planeta varre áreas iguais em períodos de tempos iguais).

Kepler foi um fervoroso seguidor de Copérnico ("O Sol não só está no centro do universo, mas é o espírito de seu movimento", afirmou) e suas leis forneceram uma estrutura matemática para o sistema de Copérnico. Sua terceira lei também ajudou Newton a desenvolver a lei da gravidade. Poucos meses antes de sua morte, Kepler escreveu o seguinte epitáfio para si mesmo.

Eu costumava medir os céus, agora eu meço as sombras da terra.
Embora minha mente estivesse voltada para o firmamento, a sombra do meu corpo descansa aqui.

Infelizmente, alguns anos após sua morte, sua tumba foi completamente destruída durante a Guerra dos Trinta Anos (1618-1648).

"Minha confiança está em meu amor pela verdade"

William Harvey (1578 – 1657)

1628

Inglaterra: A circulação do sangue

O sangue, bombeado pelo coração, move-se, "por assim dizer, num círculo".

Como o sangue nas artérias é vermelho brilhante e o sangue nas veias é azulado, os médicos da época de Harvey acreditavam que havia dois sistemas distintos de fluxo de sangue no corpo. Eles também acreditavam que o sangue era produzido no fígado e fluía através do septo (parede divisória) do coração, antes de ser absorvido pelo corpo.

Durante anos, Harvey dissecou muitos animais para observar o funcionamento do coração. A partir dessas experiências, concluiu que o coração é uma bomba feita de músculos, com quatro câmaras: dois átrios superiores e dois ventrículos inferiores. O sangue é bombeado pelo ventrículo esquerdo através das artérias e retorna pelas veias para o átrio direito. Passa, então, pelo ventrículo direito, que o bombeia para os pulmões, onde ele se altera de uma cor azulada para um vermelho brilhante. Retorna do pulmão para o átrio esquerdo, e daí passa pelo ventrículo esquerdo. Assim, circula continuamente.

Harvey esperou muitos anos antes de publicar suas descobertas: ele temia não ser aceito, pois "o respeito pela Antiguidade influencia todos os homens, mas a sorte está lançada, e minha confiança está em meu amor pela verdade". Ele foi ridicularizado como um *circulator* (gíria latina para "charlatão"). "Todos os médicos eram contra a sua opinião e o invejavam; muitos escreveram contra ele", observa John Aubrey, em seu noticioso *Vidas breves* (c.1680). "Mas, em cerca de 20 ou 30 anos, foi recebido em todas as universidades do mundo."

1632

Itália: Diálogo sobre os dois principais sistemas do mundo

Um julgamento e uma retratação pública

Galileu Galilei (1564 – 1642)

A obra *Diálogo* marcou a transição dos dias negros da Idade Média para a era moderna da ciência.

Ele se ajoelhou diante do terrível tribunal da Inquisição para fazer uma retratação de sua crença no sistema de Copérnico. "Eu, Galileu Galilei, 70 anos, filho do falecido Vincenzio Galilei de Florença, tendo sido trazido pessoalmente a julgamento... abandono o falso conceito de que o Sol é imóvel e o centro do universo, e de que a Terra não é o centro do universo e se move, e não devo sustentar, defender ou ensinar a referida falsa doutrina de qualquer maneira que seja..." Com essa abjuração pública, terminou o julgamento mais trágico da história da ciência.

Quando publicou seu *Diálogo*, explicação e ampliação do sistema de Copérnico, Galileu foi julgado, em 1633, por heresia diante da Inquisição Romana, julgado culpado e condenado a confinamento domiciliar por tempo indeterminado. Sob a ameaça de tortura, ele concordou em "confessar".

No livro de Galileu o diálogo acontece entre Salviati, um filósofo que representa as ideias de Galileu, Simplício, um filósofo seguidor de Aristóteles, e Sagredo, um leigo inteligente. Quando Simplício pergunta: "Como você deduz que não é a Terra, mas o Sol, que está no centro das revoluções dos planetas?", Salviati responde: "Isso é deduzido a partir das mais óbvias e, portanto, mais poderosamente convincentes observações". Galileu foi o primeiro a estudar os céus usando um telescópio. Sua evidência para a teoria de Copérnico do Sistema Solar foi baseada nessas observações convincentes.

Veja também *Pêndulo, p. 38.*

A união da álgebra com a geometria

René Descartes (1596 – 1650)

1637

França: Geometria analítica

Na geometria analítica (também conhecida como geometria cartesiana), métodos da álgebra são usados para resolver problemas de geometria.

Equações e fórmulas são mais fáceis de explorar do que a teia de pontos, curvas e linhas. A característica básica da geometria analítica é que um ponto no espaço pode ser completamente fixo, se sabemos as distâncias entre ele e três linhas de referências arbitrariamente escolhidas, que são perpendiculares entre si. Essas distâncias, geralmente rotuladas x, y e z, são chamadas coordenadas do ponto, e as linhas de referência são normalmente classificadas como eixos x-, y- e z-. O conceito de longitude e latitude também é baseado na geometria analítica.

Em seus primeiros anos, o filósofo e matemático Descartes era cético em relação a quase tudo, até mesmo à sua própria existência. Ele perdeu esse ceticismo após chegar à conclusão: "Cogito ergo sum" ("Penso, logo existo") – sem dúvida a declaração filosófica mais conhecida. Há uma história de que ele começou a pensar em geometria analítica quando viu uma mosca rastejando no teto do seu quarto, e percebeu que sua posição poderia ser definida por suas distâncias das duas paredes adjacentes. E, como ele gostava de ficar deitado até tarde todas as manhãs, meditando, talvez essa história seja verdadeira. A geometria analítica aparece como um apêndice, *La géométrie*, em sua obra-prima de 1637, *Discours de la Méthode* (Discurso sobre o método).

"Descartes não reviu a geometria, ele a criou", declara ET Bell em seu livro biográfico, *Homens da matemática* (1937).

1637

França:
Último teorema
de Fermat

Melodrama algébrico
Pierre de Fermat (1601 – 1665)

O problema complicado de Fermat atormentou até os maiores matemáticos por 356 anos, até que finalmente foi resolvido em 1993. Ele continua a inspirar poetas e compositores.

Eu sabia, eu jurei
que essa simetria elegante
de x ao quadrado mais y
ao quadrado
é o quadrado de z
não poderia ser repetida, se n
fosse três ou mais!

Canta um personagem de *O último tango de Fermat* (2000), musical de Joshua Rosenblum e Joanne Sidney Lessner, que capta o drama e a paixão associados com a busca de séculos para resolver o irritante teorema de Fermat.

Fermat, matemático amador, estava lendo *Aritmética*, de Diofanto (*veja p. 29*), quando deparou com um problema pedindo a solução da equação $x^2 + y^2 = z^2$. Ele escreveu na margem do livro: "Não há solução com números inteiros para a equação $x^n + y^n = z^n$, se *n* for maior que 2. Eu descobri uma prova realmente maravilhosa desse teorema, mas esta margem é muito estreita para cabê-la". Esse é o famoso último teorema de Fermat.

Depois de sete anos de trabalho dedicado, um professor de matemática de origem britânica, Andrew Wiles, da Universidade de Princeton, finalmente resolveu o problema, em 1993. Um poeta desconhecido exalta:

Enquanto o fantasma
de Fermat sorri,
dê três vivas
a Andrew Wiles.

A natureza não odeia o vácuo

Evangelista Torricelli (1608 –1647)

1643

Itália: Barômetro

Uma experiência que refutou uma máxima antiga e deu à luz o barômetro.

Aristóteles, o maior cientista da Antiguidade, afirmou que a natureza odeia o vácuo – e era nisso que as pessoas acreditavam no início do século XVII, quando as bombas de pistão estavam se tornando populares. A natureza se livraria de um vácuo empurrando água para cima, pelo tubo de uma bomba, para preencher o espaço vazio. Seguindo esse raciocínio, a água teria de subir indefinidamente, enquanto a bomba trabalhasse. Quando alguém assinalou para Galileu que uma nova bomba podia levantar a água a uma altura de apenas cerca de dez metros, ele pediu a seu aluno Torricelli para investigar o problema.

Devido às dificuldades de ordem prática de experimentação com um tubo longo, Torricelli teve a brilhante ideia de usar um líquido mais pesado, mercúrio. Como o mercúrio é 13,5 vezes mais pesado que a água, ele esperava que a altura máxima a que o mercúrio poderia ser levantado por uma bomba seria de cerca de 76 centímetros. Ele pegou um tubo de vidro, com cerca de um metro de comprimento, selado em uma extremidade. Encheu-o com mercúrio, colocou o dedo sobre a extremidade aberta, virou o tubo e, em seguida, tirou o polegar em uma bacia de mercúrio. O mercúrio, que inicialmente enchia o tubo inteiro, agora estava a uma altura de 76 centímetros, deixando um vácuo acima. Ele sugeriu que a coluna de mercúrio estava sustentada pela pressão atmosférica, e a sua altura iria variar ligeiramente de dia para dia.

O experimento de Torricelli refutou Aristóteles, e seu aparelho foi, naturalmente, o primeiro barômetro.

1661

Inglaterra: Elementos químicos

A causa do deleite real
Robert Boyle (1627 – 1691)

Boyle destruiu o antigo conceito sobre os elementos e deu à palavra seu significado atual.

A publicação, em 1661, do livro de Boyle, *O químico cético*, marca o início da química moderna. Como resultado, a alquimia se transformou em química. Nesse livro, ele rejeitou a noção secular dos quatro elementos – terra, ar, fogo e água – e apresentou a primeira definição científica de um elemento. Afirmou que os elementos eram "com certeza primitivos e simples, ou organismos perfeitamente não misturados". Em outras palavras, o elemento é um dos componentes mais simples da matéria que não pode ser convertido em algo mais simples. Ele também afirmou que os elementos eram "incapazes de se decompor" – e acrescentou de maneira profética – "por qualquer meio com o qual estejamos agora familiarizados". Estamos agora, é claro, familiarizados com meios para decompor elementos em substâncias mais simples, como prótons e nêutrons.

O famoso cronista inglês Samuel Pepys registra que o rei Carlos II – que se envolveu em ciência e tinha seu próprio laboratório particular – "riu poderosamente", quando lhe disseram que cientistas estavam "gastando tempo apenas pesando o ar". A causa do deleite real foram os experimentos de Boyle com massa, volume e pressão de gases, que levaram ao que conhecemos hoje como a "lei de Boyle".

Boyle era membro de um grupo de pensadores na Inglaterra que se reuniam regularmente para discussões filosóficas. Em 1662, o grupo, conhecido como o Colégio Invisível, foi incorporado pela Carta Régia à Royal Society (a Sociedade Real de Londres para o Progresso do Conhecimento da Natureza) e seus membros se tornaram *Fellows*. A história da ciência, desde então, está intimamente ligada à Sociedade.

Um divertimento muito agradável

1666

Inglaterra: Espectro de cores

Isaac Newton (1642 – 1727)

Newton foi o primeiro a examinar as cores do espectro produzidas por um prisma.

*Sir Isaac Newton foi o garoto
que subiu na macieira em tenra idade,
mas caiu e quebrou a coroa,
perdendo sua gravidade.*

Esse divertido verso do poema de J.A. Sidney *The Irish Schoolmaster* (O professor irlandês), de 1913, conta outra versão da anedota mais conhecida da ciência. Não tão conhecida, porém, é a história do prisma de Newton. Em 1666, ele comprou um prisma triangular de vidro "para tentar realizar os célebres fenômenos das cores". Ele deixou que um feixe de luz atravessasse um pequeno orifício redondo na veneziana da janela de uma sala escura e posicionou o prisma no percurso do feixe. Ele esperava ver um círculo de luz branca na parede oposta, mas ficou bastante surpreso ao deparar com uma banda de sete cores: vermelho, laranja, amarelo, verde, azul, anil e violeta. "A princípio, foi um divertimento muito agradável", escreveu ele. Quando passou o espectro por um segundo prisma, as sete cores foram recombinadas em luz branca. Newton propôs corretamente que a luz branca não é homogênea, mas, sim, feita de cores diferentes. William Wordsworth se refere ao prisma de Newton em seu poema de 1799.

*Onde ficava a estátua
de Newton com seu prisma e seu rosto silencioso,
o símbolo de mármore de uma mente para sempre
viajando por mares estranhos do pensamento, sozinha.*

Veja também PRINCÍPIOS MATEMÁTICOS DA FILOSOFIA NATURAL, p. 50.

1669

Alemanha:
Fósforo

O elemento da vida e da morte

Hennig Brand (c.1630 – c.1692)

Brand foi o responsável pela primeira descoberta registrada de um elemento que não era conhecido antes, sob qualquer forma.

O fisiologista holandês do século XIX, Jacob Moleschott, afirmou uma vez que sem fósforo não há pensamento. Isso é verdade, porque os tecidos nervosos contêm fósforo. Ele é também um componente do DNA, o que significa que não há vida sem fósforo.

O fósforo foi descoberto por mero acaso por Brand, um comerciante e alquimista amador. Como todos os outros alquimistas, ele estava interessado em encontrar a pedra filosofal – a substância mítica que, na crença dos alquimistas, poderia transformar metais comuns em ouro. Durante anos, ele dissolveu, misturou, peneirou e aqueceu vários ácidos, bases, sais minerais, para formar inúmeras poções, mas a pedra filosofal permaneceu uma incógnita. Um dia, pensou que poderia encontrá-la na urina. Quando aqueceu urina em um balão volumétrico, uma substância, branca como a neve, se solidificou na parte inferior. A substância cerosa não transformaria ferro em ouro, mas ela ainda tinha uma aura de mistério: brilhava espantosamente no escuro, tão clara que Brand conseguia ler seus livros antigos de alquimia com ela.

Brand vendeu um pouco do fósforo para Daniel Kraft, que ganhou muito dinheiro, demonstrando seu brilho fascinante para as cortes da Europa. Kraft deu uma amostra para o químico inglês Robert Boyle, que foi bem-sucedido na preparação do elemento e publicou o primeiro livro sobre a sua composição química, *The Aerial Noctiluca*, de 1680. O fósforo foi o favorito dos envenenadores nos séculos XVIII e XIX. Uma vez ingerido, era impossível ser detectado pelos cientistas forenses da época.

"Pequenos *animálculos*"
Anton van Leeuwenhoek (1632 – 1723)

1677

Holanda:
Microrganismos

Leeuwenhoek foi o primeiro ser humano a ver microrganismos.

O micróbio é tão pequeno
que você não consegue vê-lo.
Mas muitas pessoas de
sangue esperam
em um microscópio enxergá-lo.

Assim escreve Hilaire Belloc em *More Beasts for Worse Children* (1897) [Mais criaturas para crianças levadas, tradução livre]. A primeira "pessoa de sangue" a ver os micróbios ou microrganismos através de um microscópio foi Leeuwenhoek, um vendedor de tecidos e roupas. Ele não inventou o microscópio (foi inventado em c.1590 pelo fabricante de óculos holandês Hans Janssen e seu filho Zacharias), mas fez centenas de microscópios com suas próprias mãos. Seu microscópio mais poderoso tinha uma ampliação de cerca de 300 vezes.

Antes de 1677, as menores criaturas conhecidas eram os ácaros-do-queijo, que são visíveis a olho nu. Van Leeuwenhoek descobriu algo menor – o que chamou de "pequenos animálculos" – em uma gota de água, visto por um microscópio. Em uma carta à Royal Society de Londres, ele descreveu sua notável descoberta como "tão extremamente pequenas, que milhões de milhões podem estar contidas em uma gota de água" e as chamou de "as criaturas mais miseráveis que já vi". Ele estava observando protozoários.

Durante mais de 50 anos, ele escreveu cerca de 200 cartas para a Sociedade, descrevendo suas descobertas. Quando começou esse hobby, ele já tinha 40 anos, não tinha formação científica, mas suas cartas incluem descrições tão detalhadas e minuciosas, que bacteriologistas conseguem identificar vários microrganismos apenas lendo-às. Sua produção foi tão importante que os cientistas levaram um século para digerir seu trabalho pioneiro.

1687

Inglaterra: Princípios matemáticos da filosofia natural

O livro que mudou a visão mundial do universo

Isaac Newton (1642 – 1727)

O Principia é considerado o mais importante livro científico já escrito.

Escrito em latim, o livro 1 de *Principia Naturalis Principia Mathematica* [Princípios matemáticos da filosofia natural] expõe as três leis do movimento de Newton e apresenta os princípios gerais da mecânica. O livro 2 trata do movimento dos fluidos. O livro 3 introduz o conceito de gravidade, a força universal que mantém as cadeiras no chão e os planetas em suas órbitas.

Newton demorou 18 meses para escrever sua obra-prima. "Por 18 meses, Newton raramente deixou seus aposentos na Faculdade Trinity, sem saber se tinha ou não feito as refeições e dormindo muito pouco", observa o historiador de ciência britânico A. E. E. McKenzie. "Ele passava dias inteiros sentado em sua cama, seminu, pensando... Uma vez foi questionado sobre como fazia suas descobertas e respondeu: 'Sempre pensando nelas'." A distração de Newton era lendária. O poeta irlandês Thomas Moore relata uma história contada a ele, em seu *Journal* (1820): "Ele insistiu que seu ovo no café da manhã deveria ser cozido por exatamente cinco minutos; em uma ocasião, a empregada entrou na cozinha e encontrou Newton em frente ao fogão, pensativo, olhando para o ovo, que estava em sua mão, enquanto o relógio nadava na panela de água fervente".

Principia norteou o desenvolvimento da física moderna. No entanto, Einstein revisou muitas das ideias de Newton. O famoso dístico de Alexander Pope (c.1732) diz:

A Natureza e as leis da Natureza se escondem no escuro.
Deus disse: "Que Newton exista!", e tudo se fez luz.

E em 1926, J. C. Squire responde:

Não durou, e o Diabo uivou:
"Então,
que Einstein exista!",
restabelecendo o status quo.

Veja também ESPECTRO DE CORES, p. 47.

Graus de diferença
Ole Rømer (1644 – 1710)

Rømer foi o primeiro a elaborar uma escala para medir graus de temperatura.

1700

Dinamarca: Escalas de temperatura

As civilizações antigas aprenderam a medir as três grandezas fundamentais – massa, comprimento e tempo. Mas elas não conheciam nenhum dispositivo para medir a temperatura. Só sabiam usar palavras como "quente" e "frio". Em 1592, Galileu inventou o primeiro instrumento para medir a temperatura – um termômetro de ar.

Em 1700, Rømer, astrônomo mais conhecido pela primeira medição da velocidade da luz, também inventou o termômetro de líquido em vidro, que usava uma mistura de água e álcool. Ele desenvolveu uma escala quantitativa de temperatura para seu termômetro, com o ponto de ebulição da água a 60° e o ponto de congelamento a 7,5° (ele escolheu esse número para que um oitavo de sua escala ficasse abaixo do ponto de congelamento; naquela época os cientistas acreditavam erroneamente que a temperatura mais fria possível, 0°, era a de uma mistura de gelo e sal). Então, por que não lemos as temperaturas em °R hoje? Ele nunca se preocupou em publicar sua escala, deixando esse caminho livre para outros que vieram depois dele.

Em 1714, Gabriel Fahrenheit, inventor alemão que tinha visitado Rømer em 1708, fez o primeiro termômetro de mercúrio em vidro. Ele estabeleceu o ponto de ebulição em 96° (alterado para 22° após sua morte) e do ponto de congelamento em 32°. Em 1742, o sueco Anders Celsius, outro astrônomo cansado de observar os céus, decidiu inventar sua própria escala de temperatura. Depois de uma série de experiências minuciosas, ele fixou o ponto de ebulição em 0°C e o ponto de congelamento em 100°. Após sua morte, cientistas os inverteram para a condição atual. Para os fãs de trivialidades: as leituras Fahrenheit e Celsius são iguais em -40°.

1701

Alemanha:
Sistema binário

Contando em 0s e 1s
Gottfried Leibniz (1646 – 1716)

O sistema de numeração binário é um sistema de base 2 que só usa os símbolos 0 e 1.

Isso significa que os números binários são muito mais compridos do que seus equivalentes decimais (por exemplo, o decimal 9 é o binário 1001, e o decimal 90 é o binário 1011010), mas eles usam as mesmas regras aritméticas dos números decimais. Os números binários são simples de usar; não há tabuada para memorizar.

O famoso biógrafo de matemáticos, E.T. Bell, chama Leibniz de "pau-para-toda-obra" ("Pau-para-toda-obra, mestre em nenhuma" tem exceções espetaculares, assim como qualquer outro provérbio popular, e Leibniz é um deles). Leibniz era um matemático e filósofo contemporâneo de Newton. Ambos desenvolveram cálculo de forma independente; no entanto, a terminologia e notação de cálculo que conhecemos hoje são creditadas a Leibniz. Ele também introduziu muitos outros símbolos matemáticos: o ponto decimal, o sinal de igual, os dois pontos (:) para a divisão e razão, e o ponto para a multiplicação.

Acredita-se que Leibniz desenvolveu o sistema binário para uso em argumentos filosóficos sobre religião, onde 1 representava Deus e 0 a ausência de Deus. Binário é a palavra latina para "dois ao mesmo tempo". O sistema foi ignorado por seus contemporâneos, porque não tinha aplicação prática. Mas ele entrou em uso generalizado quando os primeiros computadores digitais foram inventados na década de 1940. Computadores digitais processam dados em números binários. Os números binários são úteis em computadores porque 0 e 1 podem ser representados de muitas maneiras, por exemplo: em lâmpadas ligadas ou desligadas, interruptores abertos ou fechados, ou pontos pretos ou brancos na tela.

Grandes bolas de fogo
Edmond Halley (1656 – 1742)

Cometas seguem órbitas, ciclos e retornos previsíveis.

1705

Inglaterra: Órbitas dos cometas

O imponente espetáculo de um cometa sempre intrigou as pessoas. Sua aparência irregular no céu, o tamanho, forma e brilho variáveis, a cauda exótica, o brusco desaparecimento, esses são os mistérios que os povos antigos foram incapazes de solucionar. Para eles, os cometas eram presságio de desastre. Eles já não são mais considerados arautos da desgraça, mas ainda intrigam astrônomos. Até hoje, os astrônomos não sabem muito sobre cometas e não conseguem prever quando o próximo virá. Mas, quando avistam um, são capazes de prever sua órbita, seu ciclo e seu retorno, graças a Halley.

Halley, um astrônomo, era amigo de Newton e ajudou-o a publicar *Principia* (*veja p. 50*). Quando jovem, Halley observou um cometa brilhante, em 1682, e calculou sua órbita. Decidiu estudar as órbitas de outros cometas observados anteriormente. Quando se aprofundou nos registros históricos, ficou surpreso ao encontrar a descrição de um cometa brilhante em 1607, feita por Kepler, e outras observações de cometas em 1531, 1456, 1380 e 1305. Todos eles apareceram aproximadamente a cada 75 anos e viajaram na mesma parte do céu, como o cometa de 1682.

Ele passou vários anos calculando as órbitas dos cometas em relação a outros corpos celestes, e em 1705 publicou suas descobertas no livro *Uma sinopse da astronomia dos planetas*. Previu com sucesso que o cometa de 1682 voltaria em 1758. Esse cometa agora leva o nome de Halley e é o mais famoso de todos. Ele foi visto pela última vez em 1986, e seu retorno é esperado para 2061.

1735

Suécia:
♂ e ♀

Os homens são de Marte, as mulheres são de Vênus

Carlos Lineu (1707 – 1778)

Lineu introduziu os símbolos ♂ e ♀ para os gêneros masculino e feminino.

Lineu foi o primeiro a classificar as espécies. Ele propôs uma nomenclatura binomial, em que cada espécie recebia um nome em latim, que consiste em duas partes: o nome do gênero, que vem em primeiro lugar e começa com uma letra maiúscula, e o nome da espécie, que começa com uma letra minúscula (por exemplo, *Homo sapiens*). O sistema ainda é usado atualmente.

A classificação das plantas de Lineu foi baseada em seus órgãos sexuais. As plantas não só eram sexuadas, mas elas realmente se tornaram "maridos" e "esposas". Suas vidas sexuais refletiam os valores do século XVIII. "Se havia na mesma planta flores masculinas e femininas, elas compartilhavam a mesma casa (*monoecia*), mas não a mesma cama; se estavam em plantas separadas, elas viviam em duas casas (*dioecia*). Flores hermafroditas [com ambos os órgãos reprodutores, masculino e feminino] continham maridos e esposas em uma cama (*monoclinia*)", observa Londa Schiebinger, historiadora americana. Lineu também transformou os símbolos dos alquimistas para ferro "duro" (δ, delta, a partir do antigo símbolo grego, para Marte) e cobre "macio" (φ, fi, para Vênus) em ♂ e ♀.

Erasmus Darwin, avô de Charles, foi médico e poeta. Ele traduziu algumas das obras de Lineu. Seu poema, com 250 dísticos, *The Loves of Plants* (1789) [Os amores das plantas, tradução livre], personifica 90 espécies para instruir o leitor sobre o sistema de Lineu. Uma amostra:

Floresce doce a Genista, à sombra da murta,
e dez irmãos apaixonados
cortejam à distância curta.

(Significado: a flor da Genista, ou arbusto, tem dez órgãos masculinos, os estames e um do sexo feminino, o pistilo.)

Um raio surpreendente
Benjamin Franklin (1706 – 1790)

O experimento da pipa de Franklin, o mais famoso nos anais da ciência, mostrou a natureza elétrica de um raio.

1752

Estados Unidos: Eletricidade atmosférica

O raio é a descarga elétrica entre as nuvens e a Terra. O atrito do ar em movimento durante uma tempestade cria uma carga elétrica dentro de uma nuvem, tornando a parte superior da nuvem positiva e a parte inferior negativa. A maior parte da carga é perdida dentro da nuvem, mas, se a carga negativa é grande, ela escapa para o solo abaixo, carregado positivamente. Isso cria um raio visível.

Para sua experiência, Franklin usou uma pipa de seda com um cordão na ponta da cruz, uma chave de ferro, presa à parte inferior do cordão, e uma fita de seda amarrada a ele. Franklin pôde fazer a pipa voar com segurança, segurando a fita. O cordão ficou molhado na tempestade, e a carga passou da pipa para a chave.

Franklin era tipógrafo antes de se tornar famoso como cientista e político. Ele escreveu o seguinte epitáfio para si mesmo, que nunca foi usado.

O corpo de
Benjamin Franklin, tipógrafo
(como as capas de um livro velho,
seu conteúdo desgastado
e despido de couro e adorno),
jaz aqui, comida para os vermes!
No entanto, o trabalho em si não
estará perdido,
pois, como ele acreditava,
aparecerá mais uma vez,
em uma nova e mais
bonita edição,
corrigida e alterada por seu autor.

1767

Inglaterra:
Água com gás

Uma sensação de formigamento

Joseph Priestley (1733 – 1804)

Água com gás, ou água carbonatada, é a água em que o gás dióxido de carbono foi dissolvido.

Priestley nunca estudou ciência formalmente, mas é lembrado por uma lista de descobertas químicas. Ele era um experimentador hábil, e muitos de seus experimentos ocorreram em uma cervejaria, ao lado de sua casa. O gás de dióxido de carbono é produzido durante a fabricação da cerveja e, como é muito mais pesado do que o ar, a maior parte dele se acomoda acima da superfície do líquido de fermentação. Em um de seus experimentos com "ar fixo" – como o dióxido de carbono era conhecido na época –, Priestley pegou dois frascos: um, cheio de água e outro vazio. Ele segurou o frasco vazio de cabeça para baixo sobre o líquido por um tempo e, em seguida, despejou nele a água do outro frasco. Uma parte do gás foi dissolvida em água. Após repetir o processo algumas vezes, ele criou a agradável bebida efervescente que hoje chamamos de água com gás.

A descoberta de Priestley deu início a uma obsessão por essa nova bebida, que se acreditava ter propriedades curativas. O dióxido de carbono, quando dissolvido em água, produz um ácido carbônico muito fraco, o que – apesar de não trazer nenhum benefício à saúde – provoca a sensação de formigamento na língua. Quando uma garrafa de água com gás é aberta, é o dióxido de carbono que produz o familiar "Tzźz".

Adicionando vários sabores e açúcar à água gasosa, ela é transformada em refrigerantes com gás. Se Priestley – que foi condecorado com a cobiçada Medalha Copley da Royal Society por sua descoberta – não tivesse se debruçado sobre os tonéis de cerveja por tanto tempo, talvez hoje não nos preocuparíamos com os "famigerados" refrigerantes.

Quando o saco flutuou até o teto

Joseph Black (1728 – 1799)

1767

Escócia: Balões de hidrogênio

Como o hidrogênio é mais leve que o ar, um balão cheio de hidrogênio desloca o ar. Isso cria empuxo (a força vertical e para cima), que levanta o balão.

Black é conhecido por estudantes de ciência pela descoberta do calor latente e calor específico, e não como pioneiro de balões de hidrogênio. Essa honra é reservada a Jacques Charles, o cientista francês famoso pela Lei de Charles. Em 1767, Black realizou um experimento no qual encheu um saco com "ar inflamável", como o gás de hidrogênio era conhecido na época, e o soltou. Para espanto do público, que incluía muitos cientistas, o saco flutuou até o teto. O público acusou-o de fraude elaborada, envolvendo uma fina linha preta. Esse truque com o saco levou ao desenvolvimento dos balões de hidrogênio. Em 1783, Charles projetou um grande balão de hidrogênio, que voou sobre Paris a uma altura de cerca de 900 metros. Até o final daquele ano, hidrogênio e balões de ar quente estavam sendo usados para o transporte de passageiros.

Black era professor de química em Edimburgo. Naquela época, os estudantes pagavam suas taxas de matrícula diretamente a seus professores. Como cortar pequenos pedaços de moedas de ouro era prática comum, nos dias de matrícula, Black sentava-se à entrada do salão com uma balança em uma mesa ao seu lado. Ele pesava todas as moedas e rejeitava as que não tinham o peso total. Ele calculou que deveria ter perdido até 50 guinéus por ano, por aceitar moedas "leves". Digamos que ele não era avarento, mas um defensor da precisão.

Hoje em dia, balões a gás são usados principalmente para pesquisas científicas ou meteorológicas em grande altitude.

1775

Áustria:
Magnetismo
animal

"Noventa por cento balela"

Franz Mesmer (1734 – 1815)

Mesmer alegou que essa terapia de araque curava doenças através das forças invisíveis do "magnetismo animal" que fluem através de nossos corpos.

Mesmer, médico que obteve seu doutorado com uma tese sobre a forma como a gravidade de vários planetas afeta a saúde, propôs que um campo magnético invisível flui através de nossos corpos. Se o fluxo fosse impedido de alguma forma, poderia causar doenças físicas e mentais. Ele teorizou que, passando ímãs sobre o corpo, o fluido seria desbloqueado, e o paciente, curado. Ele conseguiu curar alguns pacientes com esse método. Acabou descobrindo que poderia alcançar os mesmos resultados passando as mãos sobre o corpo. Alegou que estava fazendo, então, uso do "magnetismo animal".

Em 1778, mudou-se para Paris, onde se tornou bastante popular. Ele pedia aos pacientes que se sentassem com os pés em uma banheira cheia de "água magnetizada", enquanto seguravam hastes de ferro presas à tal banheira. Em seguida, ele surgia de trás de pesadas cortinas, vestido de seda roxa e segurando uma barra de ferro. Esse exibicionismo enfureceu tanto os parisienses que, em 1784, o rei Luís XVI instituiu uma investigação científica sobre o "magnetismo animal". O inquérito concluiu que os efeitos observados poderiam ser atribuídos ao poder da sugestão (uma espécie de efeito placebo) e que a prática de magnetização seria a "arte de aumentar a imaginação em graus".

O famoso autor científico Isaac Asimov afirma que Mesmer era "noventa por cento balela". De qualquer forma, ele está imortalizado pelas expressões "magnetismo animal" e "mesmerizar" (por exemplo, "mesmerizada por seu magnetismo animal"), e sua cura sobrevive em terapias magnéticas da Nova Era.

Deus existe, assim como o sudoku

Leonhard Euler (1707 – 1783)

1776

Rússia:
Quadrados latinos

Uma grade completa de sudoku, o popular quebra-cabeça, é um quadrado latino.

Em um quadrado mágico, os números em todas as linhas, colunas e diagonais da matriz têm a mesma soma, ao passo que em um quadrado latino, as células são preenchidas com n números (ou símbolos), de modo que nenhuma linha ou coluna contenha o mesmo número duas vezes, e cada número é usado precisamente n vezes. A origem do quadrado latino remonta aos tempos medievais. Euler foi o primeiro matemático a estudá-los sistematicamente e chamá-los "quadrados latinos".

Um quebra-cabeça parecido com o sudoku e chamado Number Place apareceu pela primeira vez nos Estados Unidos em 1979. O quebra-cabeça foi posteriormente introduzido no Japão, em 1984, onde foi batizado de sudoku ("números individuais" em japonês). Em 1997, Wayne Gould, um juiz aposentado neozelandês que vive em Hong Kong, ficou fascinado quando viu um quebra-cabeça parcialmente concluído em uma livraria japonesa. Ele passou seis anos trabalhando em um programa de computador que cria automaticamente grades de sudoku. Em 2004, o jornal *London Times* introduziu o quebra-cabeça em suas páginas, e o resto é história.

O suíço Euler ficou completamente cego em 1766, mas isso não diminuiu sua produtividade matemática. Ele foi convidado por Catarina, a Grande, para viver em São Petersburgo. A história conta que ela pediu a Euler para silenciar o visitante filósofo francês Denis Diderot, que estava tentando converter seus cortesãos ao ateísmo. Euler disse em tom grave a Diderot: "Senhor, $a + b^n / n = x$, portanto, Deus existe; responda". O filósofo, matematicamente inferior, emudeceu.

1781

Inglaterra:
Urano

O fervor astronômico descobre um novo planeta

William Herschel (1738 – 1822)

A descoberta de Urano foi a primeira descoberta de um planeta registrada na história da humanidade.

Herschel, músico formado, interessou-se por astronomia quando era organista da disputada Capela Octagon, na cidade de Bath. A arte de fazer telescópios o fascinava, e ele fez seus próprios telescópios, enquanto sua irmã mais nova, Caroline, o ajudava em suas observações. De acordo com Robert Ball em *Os grandes astrônomos* (1895), Caroline reclamou que em seu "fervor astronômico, ele às vezes se esquecia de tirar, antes de entrar em sua oficina, os belos babados de renda que usava durante a participação nos concertos, e, consequentemente, eles ficavam sujos com o breu usado para polir seus espelhos".

Na noite de 13 de março de 1781, Herschel estava observando o céu com seu telescópio, quando deparou com um objeto que parecia ser mais do que uma estrela comum. Ele ampliou mais para poder examinar melhor. O objeto parecia um pequeno disco verde-amarelo. Quando olhou para ele novamente, depois de alguns dias, descobriu que tinha se deslocado de sua posição original. O organista tinha descoberto o sétimo planeta. Mercúrio, Vênus, Terra, Marte, Júpiter e Saturno são conhecidos desde os tempos antigos.

Este trecho de "William Herschel Conduz" – parte do poema épico de Alfred Noyes, de 1922, *Os portadores de tochas* – descreve os pensamentos de Herschel.

Minhas perucas tortas, meu
plissado manchado
com graxa do meu
novo telescópio!
Ah, amanhã
como Caroline ficará brava,
embora ela cresça
quase tão ruim quanto eu, que
não pode deixar
a oficina por uma noite.

Descobrindo o H$_2$O
Henry Cavendish (1731 – 1810)

1784

*Inglaterra:
A água é um composto*

Cavendish sintetizou água a partir de hidrogênio e oxigênio.

No século XVIII, muitos cientistas acreditavam que a água era um elemento. Em 1784, Cavendish, aristocrata excêntrico e cientista magnífico, que tinha descoberto o hidrogênio em 1766, colocou hidrogênio e oxigênio em um eudiômetro (um tubo de vidro forte, fechado em uma extremidade, na qual dois fios são conectados para produzir uma faísca elétrica). Quando explodiu os dois gases, passando uma descarga eletrostática de uma garrafa de Leyden (dispositivo que produz faíscas de eletricidade) para o eudiômetro, descobriu que o oxigênio e duas vezes o seu volume de hidrogênio tinham se combinado para formar água pura.

Cavendish, que foi chamado por Jean-Baptiste Biot, cientista francês de sua época, de "o mais rico de todos os homens instruídos e o mais instruído de todos os homens ricos", era tímido e não se sentia à vontade na presença de estranhos. Ele "provavelmente proferiu menos palavras no curso de sua vida do que qualquer homem que já viveu 80 anos, isso sem exceção dos monges do mosteiro La Trappe", de acordo com Lord Brougham, escritor britânico e político de sua época. Ele geralmente se comunicava com sua governanta, deixando instruções escritas em uma mesa na entrada da casa. Sua biblioteca ficava em uma mansão de Londres, a poucos quilômetros de sua residência. Todos estavam autorizados a pegar livros emprestados da biblioteca, desde que deixassem um recibo adequado. Ele próprio assinava um recibo formal de todos os livros que levava consigo.

A experiência de Cavendish foi um golpe mortal para a ideia secular de que a água era um elemento.

1790

França:
O sistema métrico
de medida

A filha de Litre, chamada Millie

Uma comissão de 28 cientistas nomeados pela Academia Francesa

O sistema métrico é baseado no sistema decimal (base 10).

No final do século XVIII, a ciência na França estava desenvolvendo-se mais rápido do que em qualquer outro lugar no mundo, mas os franceses usavam mais unidades do que qualquer outro país. Para o comprimento, por exemplo, tinham o pé, a polegada, a toesa (6 pés) e a linha (1/12 polegada). No meio da Revolução Francesa, a Academia Francesa designou uma comissão que padronizou as unidades de comprimento, peso e volume e nomeou-as metro, grama e litro. As unidades tornaram-se oficiais em 1799.

O sistema métrico que usamos hoje é conhecido como o SI (*Système International*) e foi introduzido em 1960. Muitas unidades SI são nomeadas em homenagem a cientistas, mas o litro definitivamente não é nomeado em homenagem ao ficcional "cientista francês Claude Émile Jean Baptiste Litre (1716-1778)". Em 1978, o *Chem 13 News*, boletim informativo de química canadense, publicou uma "biografia de Litre" sugerindo que, em comemoração ao 200º aniversário da morte desse grande cientista, fosse decidido usar seu nome para a unidade SI de volume (a abreviatura seria L, seguindo a prática padrão de usar letras maiúsculas para as unidades nomeadas em homenagem a cientistas). A brincadeira se transformou em um trote literário, quando um resumo do artigo foi publicado no boletim da conceituada União Internacional de Química Pura e Aplicada (IUPAC). A brincadeira também enganou muitas outras publicações e programas de rádio. Mas a maioria dos cientistas entendeu a piada. Alguns se juntaram à farra, criando uma filha para Litre, chamada Millie.

Hoje em dia, o SI é usado amplamente, exceto nos Estados Unidos.

O mestre da dança das rãs
Luigi Galvani (1737 – 1798)

1791

*Itália:
Eletricidade animal*

A eletricidade é produzida nos tecidos úmidos de animais, diz a teoria errônea da Galvani.

Há vários relatos sobre a história de como contrações nos músculos da perna de uma rã morta levaram Galvani, professor de anatomia da Universidade de Bolonha, à sua famosa teoria da "eletricidade animal". Segundo uma versão, o médico tinha recomendado uma sopa de coxas de rã para a esposa Lúcia, que estava doente. Ele mesmo decidiu fazer a refeição. Cortou algumas rãs e pendurou as pernas em ganchos de cobre no balcão de ferro de sua casa. Ele ficou surpreso ao notar que as pernas tremiam convulsivamente toda vez que tocavam o ferro do balcão.

Ele repetiu a experiência em seu laboratório. Observou que os músculos da perna de uma rã se contraíam quando tocavam dois metais diferentes. Em outro experimento, ele passou a descarga de uma garrafa de Leyden – dispositivo da época para armazenar eletricidade estática – pela perna de uma rã, e observou a contração espasmódica dos músculos. Ele tentou mais uma série de experimentos e, finalmente, concluiu que tinha descoberto a "eletricidade animal". Ele expôs a teoria errada de que os músculos das rãs eram a fonte de eletricidade. Quando sua dissertação, *Tratado sobre a força da eletricidade animal exercida sobre o movimento muscular*, foi publicada em 1791, ele foi ridicularizado como o "mestre da dança das rãs".

Galvani tinha, na verdade, criado a primeira bateria rudimentar, na qual a corrente elétrica podia ser produzida por dois metais diferentes em uma solução adequada, mas errou quando tentou explicar a origem da corrente.

Veja também BATERIA ELÉTRICA, p. 69.

1794

Alemanha:
Meteoritos

Pedras dos céus
Ernst Chladni (1756 – 1827)

Os meteoritos são remanescentes de processos geológicos que formaram nosso Sistema Solar há aproximadamente 4,6 bilhões de anos, mas, na época de Chladni, a ideia de que os meteoritos eram de origem extraterrestre era uma heresia científica.

Em seu livro *Sobre a origem do ferro de Pallas*, Chladni alegou que pedras e massas de ferro caem do céu, e alguns deles até mesmo criam bolas de fogo na atmosfera. Ele sugeriu que esses objetos se originam no "espaço cósmico" e podem ser restos de formação de planetas ou detritos planetários de explosões ou colisões.

Os cientistas contemporâneos zombaram da ideia de Chladni. Eles a consideraram um ataque contra o próprio Newton, que acreditava que, exceto pelos corpos celestes – estrelas, planetas e cometas –, todo o espaço além da Lua era vazio (os céus são vazios de qualquer matéria, exceto um éter muito fino e invisível, disse ele em 1704). Georg C. Lichtenberg "desejou que Chladni não tivesse escrito seu livro". Ele achou que Chladni tinha sido "atingido na cabeça com uma de suas pedras".

Quando uma tempestade espetacular de vários milhares de pedras caiu perto da cidade de L'Aigle, no norte da França, em 1803, o cientista francês Jean-Baptiste Biot investigou o fenômeno. O relatório de Biot finalmente convenceu as autoridades científicas de que pedras caem dos céus. A maioria dos meteoritos são pedaços de rocha e/ou metal de asteroides (*veja p. 70, 206*), mas a maioria dos meteoros (também conhecidos como estrelas cadentes, por deixarem riscos momentâneos de luz no céu) é produzida quando os cometas se desintegram. Atualmente, Chladni é lembrado como o fundador da meteorítica, a ciência dos meteoritos.

Veja também AMEAÇA DOS METEORITOS, *p. 171*.

Sabedoria popular
Edward Jenner (1749 – 1823)

1796

Inglaterra: Vacinação

A injeção de uma vacina (microrganismos mortos ou enfraquecidos) proporciona imunidade contra determinada doença.

No século XVIII, a varíola era a doença infecciosa mais terrível. Suas vítimas, se sobreviviam, ficavam severamente desfiguradas, com cicatrizes profundas na pele. Como jovem médico aprendiz, Jenner ouviu ordenhadoras de vacas dizendo que elas não podiam ser infectadas pela varíola humana, uma vez que já tinham contraído varíola bovina. A varíola bovina é uma doença leve, que causa feridas menores em úberes de vacas, e qualquer pessoa infectada com ela desenvolve feridas nas mãos. Muitos anos depois, Jenner – então um médico qualificado em Gloucestershire – lembrou-se do incidente. Decidiu testar se havia alguma verdade naquela sabedoria popular.

Em 1796, ele colheu um pouco de fluido da ferida de uma ordenhadora com varíola bovina e injetou o líquido no braço de um menino de oito anos de idade, saudável – essa experiência seria ilegal hoje! Sete semanas depois, Jenner infectou o menino com um pouco de fluido retirado da ferida de uma pessoa com varíola. O menino não apresentou nenhum sintoma de varíola. A varíola bovina lhe tinha dado imunidade à varíola. Em 1798, após testes realizados em várias outras crianças, incluindo o próprio filho de onze meses de idade, Jenner publicou suas descobertas. Ele chamou o processo de vacinação (do latim *vacca*, vaca). A vacinação logo se espalhou por todo o mundo, mas a reação imediata a ela foi ridícula. Em 1802 James Gillray, caricaturista famoso, publicou uma charge que mostrava "vários resultados lunáticos de vacinação", como cabeças de vaca brotando das pessoas.

Em 1980, a Organização Mundial da Saúde declarou o planeta livre da varíola.

1798

Áustria:
Frenologia

Lendo "caroços" na cabeça
Franz Gall (1758 – 1828)

A frenologia, uma pseudociência, é o estudo da forma e do tamanho da cabeça para determinar o caráter e as habilidades mentais de uma pessoa.

Em 1798, o médico Gall escreveu para um amigo:

"Tenho finalmente o prazer de apresentar-lhe meu tratado sobre as funções do cérebro... para mostrar que é possível, através da observação das várias elevações e depressões na superfície da cabeça, determinar os graus de diferentes aspectos da personalidade. Esse trabalho será da maior importância para a medicina, a moral, a educação e a lei – na verdade, para toda a ciência da natureza humana."

A carta, de dez páginas, publicada em um jornal alemão, marcou o início da frenologia.

Gall fez duas importantes afirmações: primeiro, ele acreditava que diferentes funções mentais estão localizadas em partes diferentes do cérebro, chamadas de órgãos. Ele identificou 27 órgãos distintos de comportamento. Se você passar o dedo na parte de trás do pescoço, vai notar uma protuberância formada na base do crânio. Essa protuberância, de acordo com Gall, marcava o local do Órgão de Amatividade, o órgão vinculado à excitação sexual. Em segundo lugar, ele argumentou que o crescimento dos diversos órgãos está relacionado com o desenvolvimento das faculdades mentais associadas. Como esse crescimento estaria refletido na forma do crânio, traços de personalidade poderiam ser determinados através da leitura dos "caroços" na cabeça.

A frenologia é, claro, um absurdo, mas, no início do século XIX, era uma ciência respeitada. As pessoas procuravam o conselho de frenologistas não só para o diagnóstico de doenças mentais, mas para a contratação de funcionários ou mesmo para escolher parceiros de casamento.

Veja também *AFASIA, p. 88.*

"Gostar de uma cor tão viva"

John Dalton (1766 – 1844)

1798

Inglaterra: Daltonismo

Dalton foi o primeiro a investigar o daltonismo, um distúrbio genético que impede a percepção correta das cores.

Diz a história que Dalton deu a sua mãe um par de meias como presente de aniversário. "Você comprou um belo par de meias, mas o que fez você escolher uma cor tão viva?", ela perguntou. "Nunca poderei usá-las em público. São vermelhas como cereja, John." Muito angustiado pela observação da mãe, ele perguntou a seu irmão mais velho, que, como Dalton, achou que as meias eram azul-escuras, sem graça. Quando seus vizinhos também observaram "coisa muito fina, mas de um vermelho incomum", Dalton percebeu que ele e o irmão sofriam de algum distúrbio genético.

Dalton, conhecido por sua teoria atômica e a lei das pressões parciais, fez o primeiro estudo científico sobre daltonismo. Ele publicou os detalhes de sua pesquisa em um artigo intitulado "Fatos extraordinários relacionados com a visão das cores". Homem humilde e simples, Dalton foi muito admirado por seus contemporâneos. Quando morreu, a cidade de Manchester decidiu dar a seu famoso cidadão um funeral com honras de estado. Seu corpo foi visitado por mais de 40 mil pessoas. O cortejo fúnebre foi composto por mais de 100 carruagens de cavalos e inúmeras pessoas a pé.

O daltonismo – chamado *le Daltonisme*, em francês – é causado por uma deficiência de fotorreceptores, um fato que Dalton não descobriu (ele achava que o interior dos seus globos oculares era azul). O daltonismo total é uma doença rara. O daltonismo vermelho-verde afeta cerca de 8% da população masculina, mas é bastante raro em mulheres.

1799

França:
Deus joga dados?

Talvez

Pierre Simon Laplace (1749 – 1827)

Podemos prever o futuro, ou ele é arbitrário e ao acaso?

O matemático Laplace acreditava que a natureza segue leis exatas, e, se uma "calculadora onisciente" sabia as posições e velocidades de todas as partículas no universo, ela seria capaz de calcular as suas posições e velocidades em qualquer momento no futuro. Esse princípio é conhecido como determinismo científico. As leis de Newton sustentam a visão determinista do universo. No início do século XX, o novo campo da mecânica quântica – que trata do comportamento da natureza em nível atômico – sugere que os eventos em nível atômico ocorrem aleatoriamente. Isso introduziu a ideia de indeterminismo ou imprevisibilidade.

Após a publicação dos dois primeiros volumes de seu livro de cinco volumes *Mécanique Céleste* [Mecânica celeste], Laplace foi ver Napoleão Bonaparte para apresentar-lhe uma cópia. Alguém tinha dito ao imperador que o livro não continha nenhuma menção ao nome de Deus. Napoleão recebeu o livro com a observação: "Você escreveu este livro grosso sobre o sistema do universo sem mencionar nenhuma vez seu Criador". Laplace respondeu sem rodeios: "Vossa Excelência, não tenho nenhuma necessidade dessa hipótese".

Einstein pensava que o universo era determinista em alguns aspectos. Ele gostava de dizer: "Deus não joga dados com o universo". Uma vez Niels Bohr respondeu: "Quem é você para dizer a Deus o que fazer?" E Stephen Hawking acrescentou sua própria sabedoria: "Deus, às vezes, joga dados onde eles não podem ser vistos". O debate imprevisível sobre os dados continua.

Napoleão leva um choque elétrico

Alessandro Volta (1745–1827)

1800

Itália:
Bateria elétrica

A pilha de Volta foi o primeiro dispositivo que podia produzir eletricidade continuamente.

Quando Volta, professor de filosofia natural na Universidade de Pádua, leu sobre o experimento de seu compatriota Galvani (*veja p. 63*), ele mesmo tentou reproduzi-lo e comentou que tinha "mudado da incredulidade à crença entusiasmada". Mas não concordava com a teoria da "eletricidade animal". Ele suspeitou que a corrente era produzida, de alguma forma, por dois metais, cobre e ferro, e não pelos músculos das pernas da rã. Depois de fazer experiências por oito anos, Volta encontrou a resposta ao mergulhar discos de cobre e zinco em uma bacia de solução de sal e obter uma fonte contínua de corrente elétrica. Seu dispositivo simples era diferente das garrafas de Leyden, que armazenavam eletricidade produzida por máquinas eletrostáticas e eram capazes de gerar uma única descarga.

Ele argumentou que uma carga muito maior poderia ser produzida, empilhando-se vários discos separados por discos de flanela embebidos em água salgada. Ao ligar fios em cada extremidade da "pilha", ele obteve com sucesso uma corrente constante. A "pilha de Volta" foi a primeira bateria da história. Em 1800, ele descreveu sua experiência em uma carta para a Royal Society de Londres.

Um ano depois, Napoleão Bonaparte convidou-o para que fosse a Paris demonstrar sua invenção. A bateria dava um leve choque quando o disco superior era tocado por uma mão e o inferior, pela outra. A demonstração contou com importantes cientistas franceses, e todos, incluindo Napoleão, experimentaram o truque. Sempre que você usar a palavra "volt", lembre-se de que ela homenageia o cientista que "deu um choque" em Napoleão.

1801

Itália:
Asteroides

Um presente do novo século

Giuseppe Piazzi (1746 – 1826)

Ceres foi o primeiro asteroide descoberto.

Na noite de 1 de janeiro de 1801, Piazzi, monge e diretor do Observatório de Palermo, apontou seu telescópio para estrelas da constelação de Touro e observou um pálido objeto desconhecido. Ele achou que tinha descoberto um novo planeta em órbita entre Marte e Júpiter. Deu a ele o nome de Ceres Ferdinandea (Ceres, pela deusa padroeira da Sicília, e Ferdinandea, por seu patrono real, o Rei Fernando de Nápoles e Sicília), declarando: "Eu tenho todo o direito de nomeá-lo da forma mais conveniente para mim, como algo que possuo. Sempre usarei o nome de Ceres Ferdinandea, não correrei o risco de ser acusado de ingratidão para com a Sicília e seu rei, dando-lhe outro nome". O nome foi logo encurtado para Ceres.

A descoberta de Ceres representava um problema para os astrônomos: era pequeno demais para ser um planeta. Em 1802, o astrônomo britânico William Herschel sugeriu que Ceres representava uma nova classe de corpos celestes. Ele propôs que eles fossem chamados de "asteroides" (do grego *asteroeides*, "semelhantes a estrelas").

Os astrônomos conhecem agora cerca de 200 asteroides com um diâmetro maior do que 100 km e 800 com mais de 30 km. Cerca de um milhão têm um quilômetro ou mais de diâmetro e bilhões são do tamanho de uma pedra ou cascalho. A maioria dos asteroides orbitam dentro de um vasto anel entre Marte e Júpiter, conhecido como cinturão principal. Ocasionalmente, uma colisão empurra um asteroide para fora do cinturão, enviando-o para um caminho perigoso, que cruza a órbita da Terra. São esses corpos celestes que representam uma ameaça ao nosso planeta.

Veja também SATÉLITES DE ASTEROIDES p. 206.

Pequenas pílulas brancas de açúcar

Samuel Hahnemann (1755 – 1843)

1810

Alemanha: Homeopatia

A homeopatia é uma das terapias complementares mais populares, um avanço médico ou um grande fiasco na história da medicina?

Enquanto traduzia um livro de medicina para o alemão, Hahnemann, médico qualificado, ficou intrigado com uma passagem que descrevia o tratamento da malária por quinina. Naquela época, ninguém sabia como a quinina funcionava. Ele decidiu fazer experiências com ela, ingerindo-a ele mesmo. O medicamento produziu sintomas muito semelhantes aos da malária. Fascinado por essa descoberta, ele começou a testar outras drogas para determinar os tipos de sintomas que elas produziam. Para torná-las mais seguras, ele as diluía em álcool. Ficou surpreso ao descobrir que, quanto mais diluída fosse a solução, mais forte eram seus efeitos.

A partir de suas observações limitadas, que foram baseadas na medicina popular da época, ele criou a teoria "semelhante cura semelhante". Para descrever seu método de cura, ele cunhou a palavra homeopatia (das palavras gregas *homoios* e *patheia*, que significam "sofrimento"). Ele publicou seu novo sistema de medicina no *Organon: A arte de curar* (1810), que ainda hoje é usado como texto básico da homeopatia.

Não há nenhuma evidência científica que sustente o princípio da homeopatia de que a doença pode ser tratada, dando aos pacientes doses ultradiluídas de um medicamento que, em pessoas saudáveis, produziriam sintomas semelhantes aos da doença. A maioria dos grandes testes clínicos têm mostrado conclusivamente que os remédios homeopáticos não são melhores do que os placebos. Se eles parecem funcionar é porque a mente pode afetar a bioquímica do corpo.

1812

Alemanha: Linhas de Fraunhofer

A a Z do espectro

Joseph von Fraunhofer (1787 – 1826)

As linhas de Fraunhofer são faixas escuras no espectro solar.

O espectro de emissão ou de absorção de uma substância é a sua impressão digital. Um espectro de emissão tem linhas brilhantes sobre um fundo preto; é produzido quando uma substância emite luz, quando é agitado por aquecimento, ou pela passagem de uma alta corrente elétrica por ele. Um espectro de absorção é um espectro com linhas escuras; é produzido quando a luz passa através de um gás ou um líquido, ou atinge um sólido.

Em 1802, quase um século e meio depois de Newton estudar o espectro, o cientista inglês William Wollaston observou sete linhas escuras no espectro do Sol. Dez anos mais tarde, Fraunhofer, um fabricante de instrumentos ópticos, detectou cerca de 700 linhas. Ele mediu com precisão essas linhas e rotulou as mais proeminentes com as letras de A a Z, uma nomenclatura utilizada ainda hoje. No entanto, ele nunca forneceu qualquer explicação para elas. Isso veio mais tarde, em 1860, com os cientistas alemães, Robert Bunsen (famoso por seu bico de Bunsen) e Gustav Kirchhoff (famoso por suas leis sobre circuitos elétricos), que mostraram que cada elemento químico produz suas próprias linhas características no seu espectro de luz.

As linhas escuras no espectro solar – e outras estrelas – são causadas pela absorção de comprimentos de onda específicos por camadas de gás mais frias da atmosfera do Sol. Essas linhas (físicos modernos conseguem encontrar mais de 25 mil linhas) são agora chamadas de "linhas de Fraunhofer". Fraunhofer, que foi desprezado como um mero fabricante de instrumentos pelos pesquisadores de sua época, foi pioneiro na maneira como os cientistas identificam elementos em estrelas.

A linguagem da química
Jöns Berzelius (1779 – 1848)

1814

Suécia:
Símbolos químicos

Berzelius rejeitou os velhos símbolos da química e introduziu o sistema moderno de taquigrafia química.

Os primeiros químicos expressavam seus pensamentos químicos com estranhos símbolos de alquimia. Para os filósofos antigos, o círculo era o símbolo da perfeição. Alquimistas usavam-no como um símbolo para o ouro, o metal perfeito. Da mesma forma, seus outros símbolos eram baseados em mitos e lendas antigos. Em 1787, a Academia Francesa de Ciências sugeriu o uso de caracteres geométricos simples para gases, metais, álcalis e ácidos. Para o químico Inglês John Dalton, que fez ressurgir, em 1808, a ideia do átomo como uma unidade de matéria, os átomos eram partículas esféricas sólidas. Ele usou círculos para representá-los: um círculo para o oxigênio, um círculo sólido para o carbono, um círculo em torno de S para a prata, e assim por diante.

Esses hieróglifos criaram confusão, porque nem todos os estudantes de química era bons desenhistas. Em 1814, o governo sueco designou Berzelius responsável pela compilação da nova farmacopeia sueca. "O símbolo químico deve ser formado por letras, para facilitar a escrita e não desfigurar um livro impresso", ele declarou. "Vou, portanto, tomar para o símbolo químico, a letra inicial do nome latino de cada elemento químico. Se as duas primeiras letras forem comuns em dois elementos, usarei a letra inicial e a primeira letra que não for comum entre eles", sugeriu ele, unindo os símbolos dos elementos para mostrar compostos.

Dalton manteve-se fiel a seu próprio sistema: "Os símbolos de 'Berzelius' são horríveis. Um jovem estudante conseguiria aprender hebraico mais rapidamente do que se familiarizar com eles". Os estudantes de hoje discordariam.

1827

Alemanha:
A lei de Ohm

"Uma lei de extrema simplicidade"

Georg Ohm (1789 – 1854)

Esta lei básica da energia elétrica simplesmente declara que $V = IR$.

Ohm era professor de matemática e ciências em uma escola de ensino médio, quando começou seus experimentos sobre condução elétrica. Naquela época, condução elétrica era um estudo qualitativo, e não havia meios precisos para medir diversas grandezas elétricas. A partir de suas experiências, ele concluiu que o fluxo de eletricidade em um condutor depende de seu comprimento, sua área transversal e o material de que é composto. Ele forneceu definições precisas da tensão através de um condutor (V), da corrente que flui através dele (I) e sua resistência (R) e das relações entre eles, o que agora é conhecido como a "lei de Ohm".

Quando publicado em 1827, seu tratado foi mal recebido. Um crítico chegou a chamá-lo de "o resultado de uma ilusão incurável". As autoridades educacionais declararam-no "indigno de ensinar ciência" e obrigaram-no a demitir-se de sua escola. Sua sorte mudou em 1833, quando foi nomeado professor de física. Em 1841, a Royal Society de Londres homenageou-o pela descoberta de sua lei, agora famosa. Ele alcançou a "imortalidade nominal", quando em 1881 a unidade de resistência foi nomeada em sua homenagem. James D. Livingston, físico americano, lembra:

Assim, um sujeito chamado Ohm,
em um momento de felicidade,
sonhou com uma lei de grande simplicidade:
V é igual a IR.
É o que fez de Ohm uma celebridade,
uma lei básica de eletricidade.

"Os Homens Morcego" da Lua

Richard Adams Locke (1800 – 1871)

1835

Estados Unidos: O grande engodo da Lua

Uma farsa elaborada: um famoso astrônomo britânico teria descoberto vida inteligente na Lua.

Em 25 de agosto 1835, o jornal nova-iorquino *The Sun* publicou uma matéria de primeira página com a manchete "GRANDES DESCOBERTAS ASTRONÔMICAS FEITAS RECENTEMENTE POR SIR JOHN HERSCHEL". A matéria, alegando ser uma reedição de um suplemento do *Jornal de Ciência* de Edimburgo, descrevia fantásticas visões da Lua obtidas por Herschel com seu novo telescópio do Cabo da Boa Esperança. A história, que continuou em capítulos ao longo de alguns dias, descrevia a paisagem lunar com vastas florestas, mares interiores e "pirâmides em tons de lilás, muito delgadas, dispostas em grupos irregulares, cada uma composta por cerca de trinta ou quarenta cúspides".

Enquanto as vendas do *The Sun* subiam de 8 mil para 19.360 exemplares, seus leitores foram apresentados ao *Vespertilio-homo* ou "bat-man" (homem morcego) da Lua: "Com certeza, eles pareciam seres humanos... Tinham em média 1,2 m de altura, com cabelos curtos, brilhantes e cor de cobre, e tinham asas feitas de uma membrana fina..."

Na época da publicação dos artigos, John Herschel, filho de William (*veja p. 60*) e um dos mais famosos cientistas de seu tempo, foi à Cidade do Cabo para observar os céus do sul. Seu único comentário conhecido está em uma carta a sua tia Caroline: "Tenho sido importunado por todos os lados com essa farsa ridícula sobre a Lua – em inglês, francês e alemão". O autor dos artigos, o jornalista britânico Locke, mais tarde afirmou que a história era uma peça satírica escrita para mostrar a credulidade dos americanos sobre a questão da vida extraterrestre.

1839

*França:
Fotografia*

"Capturei a luz"

Louis Daguerre (1787 – 1851)

As primeiras fotografias, chamadas daguerreótipos, eram fotografias diretamente positivas.

O artista Daguerre ficou obcecado com a ideia de que poderia tornar permanente a imagem produzida pela câmara escura. A câmara é, essencialmente, uma caixa com um furo ou lente em uma extremidade e uma placa de vidro fosco na outra, onde a imagem é formada. Nicéphore Niépce, um colega francês que tinha melhorado a câmara, ajustando uma lente móvel em um tubo para focar a imagem, também estava interessado em preservar as imagens. Os dois inventores formaram uma parceria, mas Niépce morreu logo em seguida. Daguerre continuou a trabalhar sozinho, expondo placas de cobre revestidas com iodeto de prata sensível à luz. Ele só conseguiu obter imagens tênues que desapareciam rapidamente. Um dia, ele deixou uma placa exposta em um armário cheio de vários produtos químicos.

Quando a tirou de lá, depois de alguns dias, ficou surpreso ao ver uma imagem nítida e bonita sobre a placa. Depois de dias de experimentos, encontrou o segredo de seu sucesso: a placa tinha sido revelada pelos vapores de mercúrio, de uma garrafa quebrada contendo esse químico.

Quando ele anunciou sua descoberta "o povo de Paris quase foi à loucura, de entusiasmo", descreve Egon Larsen, famoso cronista da vida dos inventores. "Houve uma corrida maluca para ser 'daguerreotipado'. Era a última moda sentar-se por meia hora ou mais sob o sol impiedoso, teso e imóvel, a fim de levar para casa uma pequena placa de metal contendo sua imagem.

"Nasciam a arte e o ofício da fotografia."

A descoberta feita na cozinha que tornou possível a existência dos pneus

Charles Goodyear (1800 –1860)

1839

Estados Unidos: Vulcanização

A vulcanização é o tratamento da borracha com enxofre ou outros produtos químicos, para torná-la mais forte e mais elástica.

A borracha natural fica escorregadia e pegajosa no clima quente, e dura e quebradiça no clima muito frio. Goodyear suportou oito anos de extrema privação para encontrar um processo que tornasse a borracha estável. Ele contraiu dívidas para alimentar a família e passou um tempo na prisão "dos devedores". Mesmo na prisão, ele continuou suas pesquisas com paixão, pedindo a sua mulher para trazer um pedaço de borracha, um rolo de massa e alguns produtos químicos. Com a permissão do compassivo superintendente da prisão, ele transformou sua cela de prisão em um laboratório. Quando saiu da prisão, continuou seus experimentos, que envolviam principalmente misturar vários produtos químicos na borracha crua.

Um dia, sem querer, ele deixou no fogão da cozinha um pedaço de borracha e um pouco de enxofre, que tinha usado para experimentos. Ao invés de derreter, a borracha tinha se transformado em uma massa pastosa. "Enquanto entrava e saía do cômodo, eu por acaso observei o pequeno pedaço de goma que ele estava segurando perto do fogo e também notei que ele estava muito animado com alguma descoberta que tinha feito", relembrou sua filha. "Ele pregou o pedaço de goma do lado de fora da porta da cozinha, no frio intenso. De manhã, ele o trouxe para dentro, segurando-o, triunfante. Ele o tinha encontrado perfeitamente flexível, como estava quando colocado lá fora." Ele patenteou o processo em 1844. Morreu pobre, mas os futuros royalties deixaram sua família em situação confortável.

A vulcanização (de Vulcano, o deus romano do fogo) mudou o mundo, tornando possível a existência dos pneus. A empresa de fabricação de pneus Goodyear Tire Company foi fundada em 1898, muito tempo depois da morte de Goodyear; ela não está relacionada de forma alguma com Goodyear ou seus descendentes, apesar de homenagear seu nome.

"Brincadeiras" anestésicas
Crawford Long (1815 – 1878)

O éter foi usado como o primeiro anestésico cirúrgico.

1842

Estados Unidos:
Anestesia cirúrgica

O óxido nitroso é chamado de "gás do riso", porque, quando inalado, faz as pessoas se sentirem felizes. No início do século XIX, "brincadeiras" com o gás do riso, nas quais os convidados inalavam lufadas do gás, eram muito populares. Em 1844, o dentista Horace Wells participou de uma festa como essa. Ele ficou surpreso ao ver um jovem que tinha inalado gás do riso tropeçar em um banco, quebrar as canelas, mas não sentir nenhuma dor. De repente, ocorreu-lhe que o gás do riso poderia funcionar como anestésico odontológico. Depois de algum tempo, ele realizou uma demonstração pública de "extração dentária indolor", mas administrou uma dose muito fraca do gás, e o paciente gritou de dor. A multidão zombou dele.

O crédito para o primeiro uso de anestesia para fins cirúrgicos vai para o médico Long. Ele tinha conhecido os efeitos do éter durante uma "brincadeira com éter" similar às festas com o gás do riso, em sua escola médica. Primeiro, tentou usá-lo em seus pacientes para operações simples. Em 1842, ele amputou sem dor o dedo do pé de um menino, mas não publicou os resultados dessa operação até 1849. Enquanto isso, William Morton, aluno de Wells, realizou, em 1846, a primeira extração de dente com éter. A controvérsia sobre quem descobriu a anestesia cirúrgica continuou até 1921, quando o American College of Surgeons nomeou Long como seu descobridor.

O éter e o óxido nitroso têm muitos efeitos colaterais prejudiciais e não são mais utilizados como anestésicos. Anestésicos modernos são muito seguros – e não são brincadeira.

1843

Inglaterra:
Programação de
computadores

Tecendo padrões algébricos
Ada Lovelace (1815 – 1852)

Lovelace é mais reconhecida como a primeira programadora de computadores do mundo.

Em 1834, Charles Babbage, matemático inglês e inventor, concebeu uma Máquina Analítica, um dispositivo que tinha todas as características essenciais de um computador moderno: um espaço separado para guardar números (memória), uma "engrenagem" central para trabalhar com eles (processador) e um sistema de cartões perfurados para entrada e saída. Embora ele tenha preparado projetos e especificações detalhadas para ela, a Máquina nunca foi construída. Em 1842, Luigi Menabrea, um jovem engenheiro (mais tarde, Primeiro-ministro da Itália), publicou um artigo sobre a Máquina. Babbage pediu a sua amiga Lovelace, filha do poeta Lord Byron, para traduzir a edição francesa desse texto para o inglês. Lovelace não só traduziu o artigo, como adicionou uma série de notas que tinham três vezes o tamanho do trabalho original.

Nessas notas, ela delineou os conceitos fundamentais da programação de computadores e escreveu instruções para programar os cálculos dos chamados "números de Bernoulli". "Podemos dizer muito apropriadamente que a Máquina Analítica tece padrões algébricos assim como o tear de *Jacquard* tece flores e folhas", disse ela nas notas. "Ela não se compara a meras 'máquinas calculadoras'... Não tem pretensões de criar coisa alguma. Ela pode fazer tudo o que saibamos como mandar que ela execute. Pode acompanhar a análise, mas não tem o poder de antecipar quaisquer relações analíticas ou verdades."

Lovelace, a "Encantadora de Números", como Babbage a chamou, realmente escreveu o primeiro programa de computador, mas ele não teve influência direta no desenvolvimento da programação de computador moderna.

Um acidente químico na cozinha
Christian Schönbein (1799 – 1868)

1845

Suíça:
Nitrocelulose

A nitrocelulose, ou algodão-pólvora, é utilizada na fabricação de explosivos e plásticos.

Nascido na Alemanha, Schönbein, professor de química da Universidade da Basileia, era um experimentador sagaz e, às vezes, continuava brincando com produtos químicos – estritamente contra as ordens de sua esposa – na cozinha. A história diz que um dia, enquanto sua esposa estava ausente, ele estava aquecendo uma mistura de ácidos nítrico e sulfúrico em um frasco no fogão da cozinha. Acidentalmente, derramou um pouco da mistura no banco. Assustado, agarrou a primeira coisa à mão, o avental de algodão de sua esposa, para limpar a bagunça, e depois dependurou-o sobre o fogão para secar rapidamente. Para o espanto de Schönbein, quando tinha secado o suficiente, o avental desapareceu em uma chama de fogo, sem deixar rasto. A história da ciência não menciona a reação de sua esposa ao desaparecimento do avental, só registra que o tímido professor tinha transformado a celulose do tecido em nitrocelulose, um explosivo sem fumaça.

Schönbein também descobriu o ozônio, um gás formado a partir de oxigénio em descargas elétricas de alta tensão, em equipamentos como fotocopiadoras e impressoras a laser. No início do século XIX, cientistas ficaram intrigados com o odor peculiar encontrado nas proximidades de equipamentos elétricos. Em 1840, Schönbein rastreou esse odor até um gás, ao qual deu o nome de ozônio (do grego *ozein*, "cheirar"). Apesar de suas descobertas, ele se recusou a aceitar as "ideias idiotas" de átomos, proposta pelo químico inglês John Dalton, em 1808: "Se você conseguir me mostrar um átomo tão grande quanto um bolinho de carne, talvez eu acredite na existência deles. Talvez."

1847

*Alemanha:
Lei da Conservação
da Energia*

Uma lei sagrada não pode ser transgredida

Hermann von Helmholtz (1821 – 1894)

A lei da conservação de energia diz que a energia não pode ser criada ou destruída, mas pode ser alterada de uma forma para outra.

Em 1842, o físico alemão Julius Mayer propôs que a energia, "uma vez existente, não pode ser destruída, ela só pode mudar de forma". Cinco anos mais tarde, Helmholtz publicou seu artigo "Sobre a conservação das forças", no qual, independentemente de Mayer, apresentou a lei da conservação da energia com mais detalhes. A ele é dado o crédito por sua descoberta.

Helmholtz tinha 26 anos e trabalhava com medicina quando publicou seu artigo sobre física. Um médico realizado, físico e filósofo; era o cientista mais versátil de sua época. Até mesmo a lendária revista inglesa *Punch* se sensibilizou e publicou uma ode a ele, que foi reimpressa no jornal *Nature* (1894).

*O que importam títulos?
Helmholtz é um nome que desafia,
sozinho, o prêmio da fama!
Quando imperadores, reis,
aspirantes, todos obscuros,
sequer deixam rastro de poeira
em nossa bola peão,
sua obra, ó, pesquisador sombrio,
persevera,
imaculada de favor, de pura e
leve paixão.*

A lei da conservação da energia (também chamada de primeira lei da termodinâmica) é a mais sagrada da física. Ela pareceu duvidosa, quando Pauli tentou explicar o decaimento radioativo do núcleo (*veja p. 146*), mas não teve de enfrentar outros desafios, pelo menos até agora.

"Classes, lasses and asses"
William Thomson (Lorde Kelvin) (1824 – 1907)

O ponto da escala de temperatura absoluta zero é chamado zero absoluto, a temperatura mais baixa possível.

1848

Escócia: Escala de temperatura absoluta

O ponto triplo de uma substância é a temperatura e pressão nas quais ela pode existir, em seus três estados, ao mesmo tempo: sólido, líquido e gasoso. O ponto triplo da água ocorre em 0,01° C e 611,73 pascals. Thomson concebeu sua própria escala de temperatura baseada no ponto triplo da água. Ele usou uma escala de 100 unidades, assim como na escala Celsius, e, por extrapolação, chegou a -273° como o ponto zero absoluto. Nessa escala, a água congela a 273° e ferve em 373°.

A escala é agora conhecida como a escala kelvin (símbolo K, sem o sinal de grau), em homenagem a Thomson, e o zero absoluto (0 K) foi ajustado para -273,15° C. No entanto, nenhum termômetro pode ser construído para medir essa temperatura, onde as moléculas têm a menor energia possível e a entropia (*veja p. 92*) é zero.

Thomson, o maior físico de seu tempo, tornou-se professor na Universidade de Glasgow quando tinha 22 anos e permaneceu lá por mais de meio século. Um dia, postou um aviso na porta de sua sala de aula: "O professor Thomson não está disponível para suas aulas (*classes*) hoje". Um estudante malicioso cuidadosamente apagou o "C" de "*classes*" e o aviso agora dizia: "O professor Thomson não está disponível para suas moças (*lasses*) hoje". No dia seguinte, os alunos, esperando uma leve repreensão do professor, se divertiram ao ler o aviso, após o professor espirituoso ter removido mais uma letra: "O professor Thomson não está disponível para suas mulas (*asses*) hoje".

Veja também TERCEIRA LEI DA TERMODINÂMICA, *p. 116*.

1856

Inglaterra: Malva

A cor púrpura
William Perkin (1838 – 1907)

Malva, um corante roxo vivo, foi o primeiro corante sintético a ser descoberto.

Perkin, aos dezoito anos de idade, era louco por química e tinha seu próprio laboratório em casa, onde passava a maior parte de suas noites. Ele estava interessado em encontrar um método para sintetizar a quinina, a popular droga antimalária. Durante o feriado de Páscoa, ele misturou anilina, produto químico derivado do alcatrão de carvão, com dicromato de potássio e notou uma precipitação preta no fundo de seu béquer. Estava prestes a jogar fora o sedimento inútil – ele estava esperando uma solução incolor de quinina –, quando notou uma coloração roxa na precipitação. Dissolveu a substância negra em álcool e, para sua surpresa, ela se transformou em uma solução roxa brilhante. Ele suspeitou que tinha sintetizado um novo corante.

Ele enviou uma amostra para uma empresa de tingimento na Escócia. A resposta: "Sua descoberta é com certeza uma das mais valiosas que chegaram nos últimos tempos". Perkin deu o nome de "malva" ao novo composto e patenteou o processo para fabricá-lo. Malva, um corante roxo vivo, feito de alcatrão preto de carvão, capturou a imaginação da Inglaterra vitoriana. "Era o tema de conversas em todos os lugares", observa um biógrafo, "tanto que, em uma pantomima típica do período, um dos personagens, reclamando da maneira como todos só falavam com ele sobre malva, acrescentou 'por que até mesmo o policial diz para você *mauve on there?*'".

Perkin construiu uma fábrica de corantes e tornou-se extremamente rico, por causa de uma descoberta que fez, por acaso, quando tinha apenas dezoito anos.[2]

---

[2] Trocadilho: em inglês, a pronúncia da expressão é semelhante a: "move on there" (vá para lá)/ Mauve (malva em inglês) (N.T.)

Um enigma topológico

Augustus Möbius (1790 – 1868)

1858

*Alemanha:
Fita de Möbius*

Uma fita de Möbius é um laço contínuo, com um lado e uma borda.

Pegue uma fita de papel retangular, longa e estreita. Junte as extremidades da tira para formar um laço. Dê uma torcida de 180 graus (isso é, meia volta) em uma das extremidades, de modo que a superfície superior se encontre com a inferior. Cole as pontas. Agora, você tem uma fita (ou banda) de Möbius. Em qualquer ponto da superfície da fita, comece a passar o seu dedo ao longo dela: você vai acabar onde começou. Pode tentar o mesmo com a borda. Sua faixa tem apenas um lado e uma borda. Corte a fita ao meio, ao longo de toda sua extensão. Ao invés de dividi-la em duas faixas, ela se transforma em uma única grande fita com duas meias voltas. Não é mais uma fita de Möbius. Essa propriedade única levou algum talento desconhecido a escrever o seguinte poema.

*Um matemático confidenciou
que uma fita de Möbius é
unilateral.*

*E você vai rir surpreso:
se a cortar ao meio,
ela permanecerá inteira quando
dividida.*

Möbius era matemático e astrônomo. Seus diários revelam que ele descobriu sua famosa fita em 1858, mas a descoberta foi publicada em 1865. Depois de 150 anos, a fita de Möbius vive além da matemática – na mágica, arte, literatura, música, ciência e engenharia (muitas esteiras transportadoras e de maquinário são baseadas nela, para proporcionar equilíbrio de desgaste em ambos os lados).

1859

Inglaterra: A revolução de Darwin

A origem das espécies

Charles Darwin (1809 – 1882)

O livro de Darwin apresentou sua teoria da evolução, que modificou drasticamente nossa visão de mundo.

A evolução é a ideia de que todas as espécies atuais evoluíram a partir de um único ancestral comum, por meio da seleção natural. Todas as espécies tendem a produzir mais descendentes do que podem sobreviver, e o meio ambiente não consegue sustentar todos eles. Consequentemente, há uma luta pela existência. Os indivíduos em todas as espécies variam entre si, e alguns são mais bem adaptados para a sobrevivência do que outros. Esse é o conceito de "sobrevivência do mais apto". Os descendentes dos sobreviventes herdam características favoráveis de seus pais. Essa seleção natural, ao longo do tempo, produz a mudança evolutiva. "A seleção natural é uma teoria muito poderosa, mas maravilhosamente simples, que tem se mantido extraordinariamente bem, sob escrutínio e testes intensos e implacáveis" por quase 150 anos, diz o paleontólogo e autor de renome mundial Stephen Jay Gould.

A primeira edição de *A Origem das Espécies* esgotou-se no dia da publicação. Todo mundo queria uma cópia. Os perplexos livreiros nunca imaginaram que haveria tanta procura por um tomo sobre biologia. O livro imediatamente polarizou a sociedade: foi muito elogiado por vários, que acreditavam na nova doutrina; foi altamente denunciado por outros, por apresentar uma "fabricação totalmente podre de palpite e especulação". Ele ainda tem o mesmo efeito de polarização até hoje.

A Origem das Espécies – um dos livros mais importantes já escritos – termina com as palavras: "Há grandeza nessa visão da vida... de um começo tão simples, infinitas formas mais belas e maravilhosas foram e estão sendo evoluídas".

O mais importante problema não resolvido da matemática

Bernhard Riemann (1826 – 1866)

1859

*Alemanha:
A hipótese de
Riemann*

A hipótese de Riemann é um problema altamente complexo sobre a distribuição aparentemente aleatória dos números primos.

Os números primos são números inteiros (exceto 1) divisíveis apenas por si mesmos e por 1. A lista começa com 2, 3, 5, 7, 11, 13, 17, 19, 23... e continua indefinidamente. Usando computadores, matemáticos hoje descobriram os primeiros 1,5 bilhões de números primos. A lista não segue nenhum padrão regular; os números parecem ser distribuídos aleatoriamente. Mas a solução da hipótese de Riemann revelaria o mistério do padrão aparentemente aleatório dos números primos.

Quando tinha 32 anos de idade, Riemann apresentou uma dissertação, *Sobre o número de primos menores do que uma dada magnitude*, para a Academia de Berlim. Nesse trabalho, ele fez um palpite sobre a solução e, em seguida, comentou: "Alguém poderia, é claro, querer ter uma prova meticulosa disso, mas eu desisti de buscá-la, depois de algumas tentativas vãs". Essa prova tem tentado quase todos os grandes matemáticos por 150 anos. G. H. Hardy, um matemático inglês proeminente do século passado, teve seis ambições na vida. As duas primeiras foram: provar a hipótese de Riemann e fazer 211 corridas (sem perder nenhum wicket) em uma partida de teste, no campo de críquete Oval, em Londres. Ele não alcançou nenhuma das duas!

Alguns matemáticos preveem que a solução da hipótese de Riemann poderia resultar em um desastre financeiro. Os números primos são a chave para os códigos secretos, que mantêm seguro o comércio na internet.

1861

França: Afasia

O problema de Tan
Pierre Broca (1824 – 1880)

A afasia é uma forma peculiar de distúrbio de linguagem resultante de danos cerebrais.

Broca era um neurologista, que trabalhava em Paris, quando Leborgne, de 21 anos, foi internado em seu hospital. O pobre rapaz tinha sido afetado pela epilepsia e perdido a capacidade de falar. Ele entendia a fala perfeitamente bem, mas só conseguia dizer "tan", sempre que lhe perguntavam alguma coisa. Por esse motivo, foi apelidado de Tan. Ele morreu poucos dias depois. Quando Broca realizou uma autópsia, descobriu uma lesão no lado esquerdo do cérebro do rapaz. Ele concluiu que o transtorno de fala de Tan era devido a uma lesão do hemisfério esquerdo. Depois de mais pesquisas, nomeou esse distúrbio *aphémie* (que, mais tarde, foi renomeado "afasia").

Em uma década, Karl Wernicke, neurologista alemão, identificou uma segunda área do cérebro, perto da zona identificada por Broca, onde danos provocam outro tipo de distúrbio da fala. Tais pacientes conseguem falar fluentemente, mas o que dizem não faz sentido; eles não conseguem entender a fala e, portanto, não têm consciência de que estão sendo incoerentes. Esses dois tipos diferentes de distúrbios de linguagem são nomeados em homenagem a seus descobridores: afasia de Broca e afasia de Wernicke. E se você sofre da condição "Comoelesechama" (ou seja, você esquece os nomes das pessoas), ela é chamada afasia onomástica.

Broca, certa vez, queixou-se numa carta que "a prática privada e o casamento eram os gêmeos extintores da ciência", mas seu trabalho científico começou a pesquisas por que áreas do cérebro faziam o quê. Localizar a atividade cerebral exata que cria respostas comportamentais específicas é agora uma ciência avançada. Anos-luz de distância dos mapas de cabeças da frenologia (*veja p. 66*).

"Vamos aprender a sonhar"
Friedrich Kekulé (1829 – 1896)

O benzeno é uma molécula em forma de anel.

1865

*Bélgica:
A estrutura
do benzeno*

Em 1854, o químico alemão Kekulé estava tendo dificuldades com a ideia da estrutura do etano, que contém dois átomos de carbono e seis de hidrogênio. Uma noite, enquanto ele estava andando de ônibus em Londres, teve sonho: "Os átomos estavam dando cambalhotas diante de meus olhos... Eu via dois átomos menores unidos para formar um par; como um maior abraçava dois menores; como os maiores ainda seguravam três ou mesmo quatro dos menores; enquanto o conjunto se mantinha girando em uma dança vertiginosa, eu vi como os maiores formavam uma cadeia, arrastando os menores atrás deles, mas apenas nas extremidades da cadeia". O sonho lhe deu a ideia de que o átomo de carbono pode se combinar com quatro átomos, e que é capaz de se ligar em cadeias.

Kekulé sabia que o benzeno contém seis átomos de carbono e seis de hidrogênio, mas ele não conseguia entender como os seis carbonos eram organizados no espaço. Mais uma vez, a solução veio a ele em um sonho, em 1865, quando estava na Bélgica: "Virei minha cadeira para o fogo e cochilei. Novamente, os átomos davam cambalhotas diante de meus olhos. Eu podia distinguir longas filas deles torcendo e retorcendo, em um movimento que parecia com o de uma cobra. Em seguida, uma das serpentes agarrou a própria cauda e começou a girar diante de meus olhos". Ao despertar, viu a possibilidade de que os seis átomos de carbono poderiam formar um anel hexagonal.

Kekulé, que uma vez disse: "Vamos aprender a sonhar e talvez encontremos a verdade", lançou as bases da química estrutural com seus próprios sonhos. Em 1850, quando era um estudante de arquitetura, ele presenciou o julgamento do assassinato de uma vizinha, cujo corpo carbonizado foi encontrado no quarto dela. O famoso químico Justus von Liebig testemunhou no julgamento, provando que a senhora tinha morrido por combustão espontânea, depois de ter bebido muito álcool. O julgamento deixou uma marca em Kekulé. Ele desistiu da arquitetura e começou o estudo de química com Liebig.

"Onde estão essas pequenas criaturas?"

Joseph Lister (1827 – 1912)

1865

*Inglaterra:
Cirurgia antisséptica*

Lister introduziu o uso de fenol como desinfetante em cirurgias.

A descoberta dos anestésicos (*veja p. 79*) tinha acabado com os gritos de agonia dos pacientes, mas ainda assim os pacientes muitas vezes morriam de infecções subsequentes. Quando Lister, cirurgião, soube da teoria de Louis Pasteur, segundo a qual os germes são a causa das infecções, ele percebeu que as infecções nos machucados dos pacientes eram causadas por germes do ar e das mãos do cirurgião e dos instrumentos. Ele começou a procurar por uma substância que protegesse os machucados dos germes. Naquela época, fenol (também conhecido como ácido carbólico) era amplamente utilizado em fazendas adubadas com esgoto, para reduzir o odor, e Lister achou que poderia ser um desinfetante eficaz.

Seu primeiro teste foi em um menino de onze anos de idade com uma fratura exposta. Ele usou fiapos, embebidos em fenol e óleo de linhaça, como um curativo, e deixou-o no lugar por quatro dias. O menino se recuperou completamente. Lister desenvolveu seu método, que incluiu mudar os curativos regularmente e pulverizar fenol no ar, enquanto o ferimento estivesse exposto. Em 1867, publicou seus resultados na revista médica *Lancet*. Mas o ofício médico demorou a reconhecer o valor de seu trabalho. "Onde estão essas pequenas criaturas?" Um proeminente cirurgião retrucou, quando ouviu sobre o método de Lister. "Mostre-as para nós, e vamos acreditar na existência delas. Alguém já as viu?"

O uso de luvas de borracha foi introduzido em 1894 por um cirurgião americano, para proteger as mãos sensíveis de sua noiva, uma enfermeira, contra o fenol. O método de Lister tornou-se ultrapassado em 1900, quando as salas de cirurgia começaram a esterilizar tudo.

1865

*Alemanha:
A morte térmica
do universo*

Entropia
Rudolf Clausius (1822 – 1888)

A entropia é uma medida da desordem ou aleatoriedade de um sistema.

Clausius, físico teórico, foi um dos fundadores da termodinâmica, o estudo do trabalho, calor e outras formas de energia. Ele desenvolveu a termodinâmica a partir de duas leis. A primeira lei da termodinâmica é a da conservação da energia: a energia não é criada nem destruída. A segunda, que ele mesmo formulou, é a lei da dissipação de energia: o calor não flui espontaneamente de um corpo mais frio para um mais quente (*veja p. 116, para a terceira lei*). Como as leis de Newton, a segunda lei é uma tentativa científica de explicar o universo. Ela dá uma direção para o tempo – basicamente, diz que muitos processos naturais são irreversíveis. Uma consequência dessa irreversibilidade é a "flecha do tempo". Agora, você sabe por que ovos mexidos não podem ser "desmexidos".

Em 1865, Clausius introduziu o termo "entropia" como uma medida de desordem ou de aleatoriedade de um sistema. Quanto mais aleatório ou desordenado um sistema é, maior é a entropia. Num sistema fechado, a entropia deve eventualmente atingir um máximo. A entropia aumenta continuamente no universo. Mas, como o universo é um sistema fechado, uma vez que toda a energia do universo for convertida em calor, não haverá energia disponível para o trabalho. Isso levará à "morte térmica do universo".

Essa ideia fez com que o romancista e poeta americano John Updike protestasse contra a entropia em sua *Ode à entropia*.

*Entropia!
apesar de selar em extinção,
apesar de amaldiçoar a Criação.
Toda mudança distribui
a energia,
derrama o que não pode ser
reunido novamente.*

Funciona como um sonho

Dmitri Mendeleev (1834 – 1907)

1869

Rússia:
Tabela periódica

A tabela periódica é o maior avanço na história da química.

Mendeleev, professor de química na Universidade de São Petersburgo, estava lutando com o problema em torno ordem na qual apresentar os 61 elementos, então conhecidos, em seu novo livro didático de química. Ele listou os nomes e propriedades dos elementos em cartões individuais e começou um longo jogo de paciência, tentando organizar as cartas de diferentes maneiras. Cansado, adormeceu em sua mesa e sonhou. "Vi em sonho uma tabela", ele escreveu mais tarde, "onde todos os elementos se encaixavam, como era necessário."

Quando ordenou os elementos pela ordem crescente de seus pesos atômicos, descobriu que suas propriedades se repetiam periodicamente a cada sete elementos. Ele tinha descoberto o que conhecemos hoje como a "lei periódica": as propriedades dos elementos eram as funções periódicas de seus pesos atômicos. Ele tinha tanta certeza de sua lei periódica, que deixou espaços para três elementos desconhecidos, e previu as suas propriedades com base em suas posições na tabela. Em 20 anos, todos os três – gálio, escândio e germânio – tinham sido descobertos, e suas propriedades correspondiam às suas previsões.

Em 1913, o físico inglês Henry Moseley mostrou que a posição de um elemento na tabela periódica não é determinada pelo seu peso atômico, mas sim por seu número atômico (*veja p. 131*). Em 1925, o químico tinha identificado com sucesso todos os elementos que se acreditava existir na natureza, na época. O nome de Mendeleev está consagrado no elemento 101, mendelévio, um elemento transurânico (*veja p. 155*).

1872

Inglaterra:
Chuva ácida

Há algo no ar
Robert Angus Smith (1817 – 1884)

A chuva ácida contém ácido suficiente
para danificar o meio ambiente.

Em dezembro de 1952, um nevoeiro escuro e mortal – neblina misturada com fumaça de lareiras domésticas e usinas – envolveu Londres durante quatro dias, matando cerca de 4 mil pessoas. O efeito dessa poluição atmosférica foi sentido muito além de Londres. O vento levou a nuvem por centenas de milhas, antes de cair como chuva ácida, matando a vida aquática pelo aumento da acidez dos lagos e rios, danificando árvores e corroendo os edifícios.

O termo "chuva ácida" foi usado pela primeira vez por Smith, um químico escocês que trabalha em Manchester. Ele foi um dos primeiros químicos a estudar a química da poluição do ar. Em seu livro, *Air and Rain* [Ar e chuva], de 1872, salientou que a chuva ácida não era apenas imunda, mas também atacava a vegetação, pedra e ferro.

A chuva normal é ácida em si – ela reage com o dióxido de carbono no ar para formar o ácido carbônico fraco, com um pH de cerca de 5,7. Se o pH da chuva ou neve é inferior a 5 – ou seja, mais ácido do que o normal –, ela é chamada de chuva ácida. Uma das principais causas de chuva ácida é o dióxido de enxofre, o gás produzido pela queima de carvão com elevado teor de enxofre. Esse foi o gás que transformou o ar de Londres em uma espessa e amarelada poluição atmosférica, que parecia "sopa de ervilha". O dióxido de enxofre é convertido em ácido sulfúrico nas nuvens, por uma série de reações químicas. Outra fonte de chuva ácida é o dióxido de nitrogênio emitido por usinas e escapes de veículos, que é convertido em ácido nítrico.

Não atenda esse telefone!
Alexander Graham Bell (1847 – 1922)

1876

Estados Unidos: Telefone

William Preece, engenheiro-chefe do Correio britânico na época, comentou: "Os americanos têm necessidade do telefone, mas nós não. Temos muitos mensageiros".

Você sabia quais foram as primeiras palavras faladas ao telefone? "Sr. Watson, venha aqui, preciso do senhor." Bell, professor de fisiologia vocal na Universidade de Boston, experimentou seu novo instrumento pela primeira vez através de um transmissor montado no sótão de sua casa e um receptor no térreo. Um ou dois minutos depois, Thomas Watson, seu assistente, estava diante dele, arfando, depois de correr pelas escadas. "Eu consegui ouvir o senhor!", gritou: "Ele funciona!"

E vem funcionando desde então... e os mensageiros foram rapidamente dispensados. Por que temos uma vontade tão irresistível de atender o telefone, mesmo no meio de tarefas mais urgentes? A história diz que, na década de 1910, os administradores financeiros da Companhia de Telefone Bell perceberam que, se as pessoas atendessem seus telefones um pouco mais rápido, os operadores da Bell seriam mais produtivos, e a economia, multiplicada pelo grande número de centrais telefônicas da empresa, seria substancial. A empresa lançou uma campanha publicitária estimulando as pessoas a atenderem o telefone mais rapidamente. A pessoa encarregada da campanha mais tarde se gabou: "Eu fiz dos americanos as únicas pessoas no mundo que interrompem o sexo para atender o telefone".

1879

França:
Souvenirs
Entomologiques

Contos simpáticos sobre pequenas criaturas

Jean Henri Fabre (1823 – 1915)

Souvenirs Entomologiques é a coleção de trabalhos mais fascinante sobre insetos já produzida.

"Sempre que a razão é soberana, existe uma beleza austera, uma beleza que é a mesma em todos os mundos e sob todas as estrelas. Essa beleza universal é a ordem", escreve Fabre, o famoso entomologista e escritor, em seu trabalho da vida inteira, *Souvenirs Entomologiques*, uma coleção de belos ensaios e ilustrações de insetos. Dez volumes dessa obra colossal foram publicados de 1879 a 1907. Fabre dedicou toda a sua vida ao estudo da anatomia e comportamento dos insetos. Ele escreveu, de maneira simples, sobre o que viu nos jardins e campos perto de sua casa. Seus relatos, intercalados com muitos detalhes biográficos íntimos, são quase como contos de fadas e tornam a leitura muito agradável.

Nascido em uma família pobre, ele completou sua formação universitária com a ajuda de bolsas de estudo e se tornou professor no ensino médio em Avignon. Mas seu interesse ao longo da vida foi a história natural dos insetos. Ele tinha duas árvores em frente de sua casa, nas quais se sentava durante todo o dia para observar a aranha, a mosca, a abelha, o gafanhoto, a vespa e outros insetos. A precisão científica de suas observações levou Charles Darwin a descrevê-lo como "aquele observador inimitável", enquanto a beleza poética de suas descrições inspirou Victor Hugo a chamá-lo de "o Homero dos insetos". Ele é agora lembrado como o "Homem Inseto".

Entomologiques e as outras obras de Fabre não só popularizaram a entomologia, mas definiram os padrões de paciência e precisão observacionais a que os entomologistas futuros teriam de se equiparar.

Doces acidentes
Constantine Fahlberg (1850 – 1910)

A sacarina foi o primeiro adoçante artificial a ser descoberto.

1879

Estados Unidos: Adoçantes artificiais

Fahlberg era assistente de pesquisa no laboratório do químico orgânico Ira Remsen, na Universidade John Hopkins. Um dia, ele acidentalmente derramou um composto em suas mãos, mas não as lavou com cuidado. Mais tarde no jantar daquela noite, notou um sabor doce em suas mãos. Ele deu o nome à substância de "sacarina" (do latim *saccharum*, que significa "açúcar") e a patenteou, o que o fez extremamente rico. Remsen nunca perdoou Fahlberg, chamando-o de "trapaceiro", por não reconhecer sua contribuição na síntese do composto.

A sacarina é 300 vezes mais doce do que o açúcar. A doçura é uma sensação nas células gustativas dentro das papilas gustativas, que estão situadas na língua e no palato mole. A sacarina não tem calorias, uma vez que não é digerida pelo organismo.

Dois outros adoçantes populares – o ciclamato e o aspartame – também foram descobertos acidentalmente. Em 1937, Michael Sveda, um estudante de pós-graduação da Universidade de Illinois, estava trabalhando em um composto chamado ciclamato. Ele deixou um cigarro na bancada do laboratório por um momento e experimentou uma sensação de doçura, quando pôs a bituca de volta na boca. Da mesma forma, em 1965, o químico farmacêutico da empresa G.D. Searle, James Schlatter, estava pesquisando a cura para úlceras gástricas, quando lambeu o dedo para pegar um pedaço de papel. Ele notou, um gosto doce muito forte, que ele rastreou até o aspartame (adoçante popular hoje em dia). Atualmente, é proibido fumar em laboratórios, e o uso de luvas é obrigatório, fazendo com que as chances de se descobrir acidentalmente outro adoçante sejam bem "magras".

1882

(Itália) e 1897 (Alemanha): O sistema imunológico humano

Na defesa

Ilya Mechnikov (Rússia, 1845 – 1916) e
Paul Ehrlich (Alemanha, 1854 –1915)

Imunidade é a capacidade do organismo de combater o ataque aparentemente interminável de vírus, bactérias e outros invasores.

Para combater esses invasores, o corpo produz anticorpos, moléculas de proteína especializadas, que se ligam especificamente a seus antígenos alvo. Um antígeno é uma molécula estranha de um vírus, bactéria ou outro invasor. Os invasores são combatidos por células detritívoras, células brancas do sangue chamadas fagócitos, que simplesmente engolem e digerem os micróbios. Após engolir o invasor, alguns fagócitos, chamados macrófagos, alertam o resto do sistema imunológico, exibindo antígenos específicos em sua superfície. Os glóbulos brancos, chamados linfócitos T, reconhecem o antígeno e enviam sinais químicos para mobilizar os linfócitos B, que segregam anticorpos específicos para neutralizar o antígeno. Algumas células B e T formam células de memória, que circulam no corpo por anos, às vezes por toda a vida. Isso se torna a primeira linha de defesa contra infecções futuras.

Mechnikov e Ehrlich foram os pioneiros na pesquisa do sistema imunológico. Eles dividiram o Prêmio Nobel de Fisiologia ou Medicina, de 1908, em reconhecimento a seu trabalho sobre a imunidade. Mechnikov, enquanto trabalhava na Itália, notou que, quando inseriu um espinho em uma larva, células estranhas reuniram-se em torno do espinho. As células começaram a comer quaisquer substâncias estranhas que entravam na pele rompida. Ele chamou essas novas células de "fagócitos" ("comedores de células").

Ehrlich desenvolveu o conceito-chave de anticorpos, as moléculas que simplesmente destroem antígenos, engolindo-os. Ele adorava explicar suas teorias com diagramas e fórmulas. Às vezes, ficava tão animado, que escrevia em qualquer superfície disponível: paredes, portas, toalhas de mesa, até mesmo em seus próprios punhos da camisa.

A menor nota para ser aprovado
Svante Arrhenius (1859 – 1927)

1884

*Suécia:
Dissociação Iônica*

Na dissociação iônica ou eletrolítica, um composto iônico produz íons, átomos carregados ou moléculas.

Quando um composto iônico, como o cloreto de sódio, é dissolvido em água, ele se separa em sódio, carregado positivamente, e íons de cloreto, carregados negativamente. Uma vez que os íons são dissociados, uma corrente elétrica pode passar através da solução, e a solução é chamada eletrólito. A dissociação iônica tem aplicações práticas em processos industriais, como a galvanoplastia.

Arrhenius tinha 22 anos quando se interessou pela condutividade elétrica das soluções. Ele decidiu continuar esse trabalho, como preparação para seu doutorado. Por dois anos, realizou centenas de experimentos com diferentes soluções. Mas, ainda assim, não conseguiu elaborar uma teoria para explicar os resultados de suas experiências. No entanto, uma noite, a ideia que daria uma nova dimensão à química passou por sua mente. "Eu tive a ideia na noite de 17 de maio, e não consegui dormir naquela noite, até que tivesse resolvido todo o problema", ele escreveu mais tarde.

A comissão examinadora achou sua tese de doutorado pouco convencional e concedeu-lhe a menor nota possível para ser aprovado. Até Per Teodor Cleve, seu professor de química, ignorou seu trabalho. "Se o cloreto de sódio se dissolve em sódio e cloro, por que uma solução de cloreto de sódio não tem as propriedades dos elementos sódio e cloreto?", perguntou. A descoberta do elétron, na década de 1890, provou, de uma vez por todas, que Arrhenius estava certo. Em 1903, ele foi premiado com o Prêmio Nobel de Química por sua teoria.

Veja também *AQUECIMENTO GLOBAL, p. 107.*

Química de pia de cozinha

1891

Alemanha: Propriedades da tensão superficial da água

Agnes Pockels (1862 – 1935)

As moléculas na superfície de um líquido experimentam uma força que faz com que a superfície atue como uma membrana elástica, que tende a encolher à menor área possível.

*Eles foram para o mar em uma peneira,
em uma peneira, eles foram para o mar...*

Pockels provavelmente nunca leu *Nonsense Songs* [Canções sem sentido] de Edward Lear (1871), mas seus experimentos pioneiros sobre as propriedades da tensão superficial da água nos ajudaram a compreender a maravilhosa "pele" da água. Ela nunca teve a oportunidade de estudar ciências na escola, mas passou muito tempo em sua pia da cozinha, observando as propriedades do óleo e do sabão na superfície da água. Quando ouviu sobre os experimentos do físico inglês, Lord Rayleigh, sobre a tensão superficial, ela escreveu-lhe uma carta descrevendo sua primeira experiência. Lord Rayleigh traduziu a carta e enviou-a para o jornal *Nature*, que a publicou em 1891.

Encorajada, ela continuou sua investigação pelos próximos 40 anos e publicou mais quinze dissertações. Em seu 70º aniversário, o célebre químico Wolfgang Ostwald prestou uma homenagem ao seu trabalho: "Ela nos ensinou não só a limpeza em nosso trabalho, também nos ensinou como medi-la". Vamos fazer um brinde a essa mulher notável. Encha uma taça de vinho com água até a borda. Com cuidado, deslize um clipe de papel para dentro da taça. Mais um clipe, e mais um e outro... Você vai precisar de uma quantidade boa de clipes para testar a incrível "pele" da água. A canção de Lear talvez não seja um total disparate, afinal.

Comunicando-se com 10 mil vizinhos

Santiago Ramón y Cajal (1852 – 1934)

1891

Espanha: A teoria dos neurônios

Os neurônios, as células nervosas, são os componentes básicos do sistema nervoso.

Em 1873, o histologista italiano Camillo Golgi desenvolveu uma nova técnica de coloração em que se usaram sais de prata para colorir tecidos nervosos (histologistas estudam os tecidos do corpo). Os tecidos corados revelaram componentes celulares finos que ainda são chamados "corpos de Golgi". Em 1887, Cajal, outro histologista, viu algumas células nervosas coradas pela técnica de Golgi. Ele ficou encantado com os detalhes. As células nervosas apareceram "coloridas de preto-acastanhado, até mesmo seus mais finos ramos, destacando-se com clareza insuperável sobre um fundo amarelo transparente. Tudo estava nítido, como um desenho com tinta chinesa", escreveu Cajal em suas memórias.

Cajal modificou a técnica de Golgi e aplicou-a aos tecidos cerebrais. Naquela época, acreditava-se que o sistema nervoso era uma rede de elementos contínuos, mas Cajal descobriu que os ramos, ou axônios, das células nervosas terminavam perto de outras células nervosas. Isso sugeria que o sistema nervoso era composto por bilhões de células nervosas separadas, que funcionavam por contato. Em 1891, o anatomista alemão Wilhelm Waldeyer cunhou o termo "neurônio", e as ideias de Cajal tornaram-se conhecidas como "a teoria dos neurônios". Cajal dividiu com Golgi o Prêmio Nobel de Fisiologia ou Medicina, de 1906.

Sabemos agora que os neurônios transportam um sinal elétrico de um para outro. Cada neurônio se conecta com até 10 mil vizinhos. As ideias de Cajal levaram à compreensão das sinapses – a pequena distância entre os axônios, que são os locais de comunicação neurônio-neurônio e têm um grande impacto na medicina.

1892

Rússia:
Vírus

Vivo ou morto?
Dmitri Ivanovski (1864 – 1920)

Embora os vírus possuam algumas características dos seres vivos, faltam a eles muitos aspectos essenciais para a vida.

Como as células vivas, os vírus têm proteínas e os materiais genéticos de DNA e RNA, mas só podem se replicar quando no interior das células vivas de um organismo. Uma vez dentro da célula, eles exploram a maquinaria da célula para fabricar mais vírus. A maioria dos vírus variam em tamanho de 20 a 300 nanômetros.

A história da descoberta do vírus está relacionada com a doença do mosaico do tabaco, assim chamada por causa das manchas claras e escuras que ela causa nas folhas das plantas de tabaco. Ivanovski, botânico, sugeriu que a doença era causada por uma toxina (a palavra "vírus" vem da palavra latina para veneno) ou por uma forma de vida muito menor do que qualquer outra conhecida. Foi somente em 1935 que os vírus foram rebaixados a compostos químicos inertes, quando o cientista americano Wendell Stanley cristalizou o vírus do mosaico do tabaco.

O vírus da imunodeficiência humana (HIV), que provoca a AIDS, é um retrovírus. Em um retrovírus, a informação genética está na forma de uma única fita de RNA. Ele gera DNA quando dentro de uma célula hospedeira. O DNA viral, em seguida, junta-se ao DNA da célula hospedeira e se torna parte das informações do código genético do hospedeiro. A história evolutiva dos vírus é tão antiga quanto a história da vida. No entanto, o vírus HIV tem uma história evolutiva muito curta (provavelmente, a partir de 1959), e tem sido a única história evolutiva de um organismo testemunhada por cientistas.

Química jogada com uma pá

Friedrich Ostwald (1853 – 1932)

1894

Alemanha: Catalisadores

Um catalisador é uma substância que pode acelerar ou desacelerar uma reação química, mas não é alterado na reação.

O conceito de catalisadores de Ostwald ainda é válido. É extremamente útil em muitos processos tecnológicos modernos, como o processo de Haber (*veja p. 122*), e os catalisadores em sistemas de escapamento de automóveis. A platina e o paládio são usados nos sistemas de escapamento como catalisadores para converter o monóxido de carbono, óxidos de nitrogênio e outros gases nocivos em gases propícios para o ambiente.

O químico sueco Jöns Berzelius (*veja p. 73*) foi o primeiro a usar a palavra "catalisador", mas Ostwald deu a ela seu significado moderno, quando provou a ação catalítica das enzimas. As células vivas produzem proteínas chamadas enzimas, que atuam como catalisadores para todas as reações químicas que ocorrem nas células vivas. Por exemplo, uma enzima chamada amilase, na nossa saliva, aumenta a velocidade na qual o amido é convertido em açúcares.

Ostwald, um dos fundadores da química física, foi agraciado com o Prêmio Nobel de Química, de 1909. "Foi um prazer, assim como uma surpresa, que, dos muitos estudos que tenho procurado ampliar no campo da química geral, a mais alta distinção científica que existe tenha sido concedida, hoje, para aqueles sobre catálise", observou ele, em seu discurso do Nobel. Ele lecionou algum tempo na Universidade de Riga, na Letônia, onde suas aulas despertavam muito interesse. "Ele faz com que a química entre em sua cabeça, como se jogada com uma pá", comentou um estudante, certa vez. Curiosamente, o popular professor tinha fobia de ser tocado por estranhos, como barbeiros e alfaiates.

1895

*Alemanha:
Raios X*

"Esses raios levados de Röntgen"

Wilhelm Röntgen (1845 – 1923)

Os raios X são a radiação eletromagnética invisível de comprimentos de onda muito curtos.

Uma noite, Röntgen estava fazendo experiências com um tubo de Crookes em seu laboratório escuro. Quando a eletricidade é descarregada através do tubo, suas paredes tornam-se fosforescentes. Por acaso, ele notou que um papel que estava em sua mesa de trabalho brilhava intensamente quando ele passava a corrente através do tubo. O papel estava coberto com uma solução fluorescente e, a princípio, ele pensou que era apenas um reflexo da faísca elétrica. Mas aquilo o intrigou, pois o tubo estava completamente envolvido por uma folha de papelão preto – até que ele percebeu que alguma radiação desconhecida estava passando pelo tubo.

Então, ele teve a brilhante ideia de que essa radiação poderia também afetar chapas fotográficas. Ele convenceu sua mulher a colocar a mão entre o tubo de vidro e uma chapa fotográfica. Quando revelou a chapa, viu a sombra dos ossos da mão de sua esposa. Ele nomeou essa nova radiação de "raio X".

A possibilidade de fotografar ossos através da carne deu início a especulações extravagantes e fantasiosas, na virada do século, antes de os raios X se tornarem uma das principais ferramentas de diagnóstico médico. Uma companhia empreendedora de Londres fez uma pequena fortuna com a venda de roupas íntimas à prova de raios X, enquanto um jornal afirmou que ninguém estaria interessado em um retrato feito por raios X, que mostraria "apenas os ossos e anéis nos dedos". A revista satírica *The Punch* também se juntou à festa.

*Não gostaria o pretendente
mais apaixonado
de um retrato da estrutura de
sua amada
para contemplar com olhos
de saudade:*

No divã do terapeuta
Sigmund Freud (1856 – 1939)

1896
Áustria:
Psicanálise

A psicanálise freudiana se baseia na crença de que nossas emoções e comportamentos surgem de medos e desejos inconscientes.

Você pode nunca ter lido uma palavra das grandes obras de Freud – *A Interpretação dos sonhos* (1900) e *Três ensaios sobre a teoria da sexualidade* (1905) – mas você provavelmente conhece alguns termos freudianos: complexo de Édipo, id, ego, superego, sublimação sexual, memórias reprimidas e assim por diante. E você não pode dizer que você nunca cometeu um ato falho (um erro não intencional na fala), que Freud teria explicado como uma mensagem de seu inconsciente, revelando seus pensamentos ou sentimentos reprimidos.

De acordo com a psicanálise, o passado molda o presente, e, se pudermos rastrear a origem de nossos medos e desejos inconscientes até suas origens históricas – muitas vezes nossas experiências de infância – conseguiremos compreender nossos problemas e lidar melhor com as realidades da vida. Tudo que você tem a fazer é deitar-se no divã do terapeuta e falar sobre qualquer coisa que vem à mente – e a fonte de seus problemas atuais lentamente começaria a aparecer.

Freud mudou a forma como vemos a nós mesmos, mas a questão permanece: a psicanálise é uma ciência objetiva ou um fiasco científico? A psicanálise ainda não provou ser uma ciência empírica; tampouco foi provada como charlatanismo. "Se muitas vezes ele estava errado e, às vezes, ilógico, para nós, agora, ele não é mais uma pessoa, mas sim toda uma atmosfera de opinião". Esse comentário do poeta W.H. Auden, depois da morte de Freud, em 1939, ainda é válido, e a atual atmosfera de opinião é nebulosa.

1896

França:
Radioatividade

Em um dia nublado em Paris

Henri Becquerel (1852 – 1908)

A radioatividade é a emissão espontânea de radiação a partir de átomos instáveis.

Becquerel, um sombrio professor de física em Paris, estava interessado em fluorescência e fosforescência. Uma substância fluorescente brilha sob a luz e para de brilhar assim que a luz é desligada, mas uma substância fosforescente continua a brilhar por um tempo. A descoberta dos raios X fez com que ele se perguntasse se eles também eram emitidos por substâncias fosforescentes quando expostas à luz solar.

Ele colocou alguns cristais de um sal de urânio em uma chapa fotográfica e os envolveu em um grosso papelão preto, para que a luz não entrasse. Ele esperava que os cristais produzissem raios X, quando deixados à luz do sol. Como o sol não apareceu por vários dias, ele deixou o pacote em uma gaveta escura. Depois de alguns dias nublados, ele decidiu revelar a chapa, mesmo assim. Para sua surpresa, ele encontrou uma imagem nítida sobre ela. Ele repetiu a experiência com vários sais de urânio e mostrou que a radiação era diferente de raios X, embora não tenha explicado o que causou a radiação.

A descoberta casual de Becquerel abriu um novo capítulo na ciência. Ela atraiu a atenção de uma jovem cientista de origem polonesa, Marie Curie. Ela escolheu o recém-descoberto fenômeno de Becquerel como tema para seu doutorado e nomeou-o "radioatividade". Ela mostrou que o urânio não era a única substância que emitia radiação espontânea, que era devida a mudanças dentro dos átomos. Mais tarde, seu marido, o físico francês Pierre, também se juntou a ela, e ambos descobriram dois novos elementos, polônio e rádio. Eles dividiram com Becquerel o Prêmio Nobel de Física de 1903.

"A previsão de um cervejeiro aposentado"

Svante Arrhenius (1859 – 1927)

1896

Suécia: Aquecimento global

Arrhenius foi o primeiro a reconhecer o efeito estufa, a causa do aquecimento global.

O vapor de água, o dióxido de carbono, o metano e o óxido nitroso representam menos de 1 por cento da atmosfera da Terra, mas eles desempenham um papel importante em manter nosso planeta a uma temperatura constante. Esses gases naturais – e alguns gases produzidos pelo homem, tais como os clorofluorcarbonos – permitem que a luz do sol entre livremente, mas absorvem o calor irradiado da superfície da Terra. A cobertura da natureza mantém a Terra a uma temperatura ideal, equilibrando a quantidade de calor recebida do Sol, com a quantidade de calor perdida da superfície.

Arrhenius (*veja p. 99*) sugeriu que a queima de combustíveis fósseis aumentaria o dióxido de carbono na atmosfera, o que traria mudanças significativas para o nosso clima – mas a advertência de Arrhenius foi ignorada pelos cientistas da época.

Mesmo quando jovem, Arrhenius era do tipo atarracado. Depois de completar o doutorado na Suécia, ele foi para a Alemanha para continuar seus estudos. Um dia, ouviu um dos estudantes alemães fazer a seguinte observação: "Lá vem o gênio estrangeiro. Gostaria de saber se todos os suecos se parecem com cervejeiros aposentados".

Está na hora de prestarmos atenção ao cientista inteligente que poderia passar por fabricante de cerveja. A temperatura global aumentou 0,6º C desde sua advertência e, agora, está aumentando cerca de 0,2º C a cada década. A quantidade de dióxido de carbono na atmosfera aumentou 34% desde 1750, e as emissões de dióxido de carbono continuam a crescer. Cerca de ¾ das emissões de dióxido de carbono provêm da queima de combustíveis fósseis.

1897

*Inglaterra:
O elétron*

O elétron feliz
Joseph John ("J.J.") Thomson (1856 – 1940)

A descoberta do elétron, a primeira partícula subatômica, destruiu a visão de longa data de que os átomos eram as menores partículas existentes.

*Apesar de Crookes ter suspeitado de minha presença nesta terra, foi J.J. que me encontrou – mesmo com meu mínimo raio.
Ele mediu o primeiro "e por m" de meu valor elétrico:
amo J.J. como um pai, pois foi ele que me deu à luz.*

Com essa música, os trabalhadores do Laboratório Cavendish, em Cambridge, comemoraram o aniversário de 70 anos do físico, ganhador do Prêmio Nobel. Em 1879, o físico inglês William Crookes realizou uma experiência usando um tubo de vidro evacuado com dois eletrodos de metal presos às extremidades opostas e ligados a uma fonte de alta tensão. Ele notou um fluxo de raios vindos do cátodo, ou eletrodo negativo. Ele especulou que os raios cátodos, como os raios foram chamados, consistiam de partículas minúsculas. O físico irlandês George Stoney até sugeriu um nome para essas partículas – elétrons.

Thomson mostrou que os raios catódicos podiam ser desviados por um campo magnético ou elétrico. Ele concluiu que os raios catódicos eram fluxos de partículas carregadas negativamente; e essas partículas vinham dos átomos do cátodo de metal. Quando anunciou seus resultados na Royal Institution, em 30 de abril de 1987, muitos cientistas se recusaram a acreditar que existia uma partícula mais leve do que o átomo. Alguém até sugeriu que Thomson estava pregando uma peça neles. Depois, Thomson mediu a razão entre a carga e e a massa m do elétron, que foi aperfeiçoada por Millikan, em 1909 (*veja p. 124*). Em 1906, Thomson recebeu o Prêmio Nobel de Física, pela descoberta do elétron.

Veja também MODELO ATÔMICO, p. 125.

"Um segredo escondido desde que o mundo começou"

Ronald Ross (1857 – 1932)

1897

Índia: Malária e mosquitos

Mosquitos transmitem o parasita da malária.

Ross era um oficial médico do exército britânico na Índia, quando conheceu Patrick Manson, o "pai da medicina tropical", em uma visita a Londres, em 1894. Manson tinha demonstrado, em 1878, que parasitas que causam doenças humanas podem infectar mosquitos. Ross também estava familiarizado com o trabalho do médico francês Charles Laveran que, em 1880, quando estava estacionado na Argélia, tinha descoberto que a malária era causada por um protozoário, um animal microscópico unicelular. No entanto, ele nunca descobriu como os parasitas entravam na corrente sanguínea dos seres humanos. Quando retornou à Índia, em 1895, Ross estava determinado a solucionar o mistério da malária, na época, a doença infecciosa mais comum nos trópicos.

Ele estava convencido de que a malária era causada por mosquitos, mas não conseguiu encontrar a conexão até 20 de agosto de 1897, quando olhou por seu microscópio para examinar o tecido do estômago de um mosquito Anopheles. Ele tinha sido alimentado por quatro dias com o sangue de um paciente com malária, e agora Ross tinha encontrado "algo novo... exatamente como o pigmento do parasita da malária". Depois de mais pesquisas, ele provou conclusivamente que a malária era transmitida pela picada do mosquito. Ele foi agraciado com o Prêmio Nobel de Fisiologia ou Medicina, de 1902, por essa descoberta.

Ross, que adorava tocar piano e escrever poesia, teria apreciado o poema que seu amigo, o poeta inglês John Masefield, escreveu sobre o 60º aniversário de sua importante descoberta.

Uma vez, num dia de agosto,
um homem exilado,
esforçando-se para ler
hieróglifos soletrados,
ao alterar manchas no
vidro, contemplou
um segredo escondido desde
que o mundo começou.

1900

Alemanha:
Fótons

"Então, eles realmente existem"

Max Planck (1858 – 1947)

O fóton é a unidade básica, ou quantum, da radiação eletromagnética.

Enquanto trabalhava no problema de como a quantidade de calor emitido por um organismo está relacionada com sua temperatura, Planck bolou uma fórmula que explicava os dados experimentais. Mas a fórmula só fazia sentido quando ele assumia que a energia de uma molécula de vibração era quantificada, ou seja, ela só poderia assumir certos valores. Naquela época, os cientistas acreditavam que a radiação devia fluir continuamente. A fórmula de Planck sugeria que a radiação flui em grandezas discretas (que ele chamou de quanta; e o singular, quantum), cuja energia era proporcional à frequência da radiação. A relação entre a energia (E) e a frequência (f) exigia uma constante para torná-la uma equação $E = hf$. A nova constante universal, h, é chamada a "constante de Planck". (De acordo com uma história russa, em um exame oral, um professor escreveu a equação $E = hf$ e perguntou a um aluno: "O que é h?" "*Plank's constant* – A constante de Planck", o aluno respondeu. "E f?" "*The length of the plank* (O comprimento da prancha.")

Planck ficou em dúvida sobre a veracidade de seus quanta, mas, em 1905, Einstein aplicou o conceito em sua teoria do efeito fotoelétrico. Em 1926, o químico americano Gilbert Lewis cunhou o termo "fótons" para quanta.

A ideia do quantum de Planck deu à luz a nova física quântica. Planck foi um físico teórico, não um cientista experimental. Certa vez, ele visitou um laboratório de física, onde viu em ação um aparelho que contava quanta de luz, ou fótons, por cliques audíveis. Ele ficou em silêncio por um tempo e só ouviu. Então, ele sorriu e murmurou: "Então, eles realmente existem".

O "S" que mudou o mundo
Guglielmo Marconi (1874 – 1937)

1901

Inglaterra-Canadá: Comunicação eletrônica universal

A primeira transmissão sem fio transatlântica, em 12 de dezembro de 1901, inaugurou a era da comunicação eletrônica universal.

Era um dia de frio cortante. Marconi e alguns de seus assistentes estavam reunidos em torno de um receptor de rádio, em uma cabana de madeira perto de Terra Nova, no Canadá. Ele colocou os fones de ouvido, mas só ouviu estática. Não havia nenhum sinal do transmissor de rádio que ele tinha instalado em Podhu, em Cromwell, a 3.440 quilômetros de distância.

O jovem inventor italiano, que ganharia o Prêmio Nobel de Física de 1909, tinha passado anos preparando-se para esse dia. "Um italiano chegou – com um realejo, mas sem macaco. É um órgão de rua impossível de tocar, mas ele faz muito barulho", comentou um jornal de Londres em 1896, quando Marconi chegou à Inglaterra, com seu aparato experimental para transmitir e receber mensagens de rádio.

O primeiro cabo telegráfico transatlântico foi lançado em 1857; Marconi queria enviar mensagens sem fios – pelo telégrafo sem fio que tinha inventado. Na época, ninguém sabia se ondas de rádio seguiam a curvatura da Terra ou iam direto para o espaço. Se elas não seguissem a curvatura, o telégrafo seria um fracasso. "De repente, aproximadamente às 12:30, soaram três pequenos cliques do transmissor, mostrando-me que algo estava chegando", Marconi lembrou mais tarde. As ondas de rádio tinham viajado ao redor do mundo, desde a Inglaterra até o Canadá, levando os três pontos da letra "S", do código Morse (pontos e traços representando letras e números). O mundo tinha mudado para sempre.

1901

Suécia:
O Prêmio Nobel

"O mais merecedor deverá receber o prêmio"

Alfred Nobel (1833 – 1896)

Nas ciências, os prêmios são concedidos em física, química, fisiologia ou medicina (e, desde 1969, em economia).

Depois que uma explosão na fábrica de nitroglicerina da família matou seu irmão, Nobel, um industrial e inventor, resolveu dominar esse explosivo líquido perigosamente instável. Em 1866, ele descobriu que a nitroglicerina, quando misturada com um pó raro chamado diatomito, poderia ser moldada em bastões seguros para o manuseio. Ele deu o nome à sua descoberta de "dinamite" e fez uma fortuna com ela. Um ano antes de sua morte, ele escreveu seu testamento, deixando seu patrimônio para a criação de prêmios anuais em cinco campos: três em ciência, um em literatura e um para a paz. "Nenhuma consideração deve ser dada à nacionalidade dos candidatos, mas sim que o mais merecedor deverá receber o prêmio", escreveu ele.

Os prêmios são concedidos todos os anos desde 1901. Os vencedores recebem uma medalha de ouro com uma réplica do perfil Nobel e um cheque (nos últimos anos, foram mais de US$ 1 milhão). Nobel disse uma vez: "Se você tem mil ideias e somente uma acaba sendo boa, estou satisfeito". Uma de suas boas ideias tem ajudado mais de mil ideias excelentes a florescerem.

Curiosidades do Prêmio Nobel: apenas quatro pessoas receberam dois prêmios Nobel. Linus Pauling, dos EUA, é a única pessoa que ganhou duas vezes sem ter compartilhado o prêmio: de Química (1954) e da Paz (1962). Seu companheiro americano, John Bardeen, dividiu o prêmio de Física duas vezes, em 1956 e 1972. Frederick Sanger, do Reino Unido, ganhou o prêmio de Química sozinho em 1958 e compartilhado em 1980. Marie Curie, da Polônia, dividiu o prêmio de Física, em 1903, e ganhou o de Química sozinha, em 1911.

O dilema do barbeiro

Bertrand Russell (1872 – 1970)

1902

Inglaterra:
Paradoxo de Russell

O conjunto de todos os conjuntos que não são membros de si mesmos é um membro de si mesmo?

Um conjunto é uma coleção de elementos. Esses elementos são chamados de membros. Conjuntos são ou não são eles mesmos membros. Considere S um conjunto que contém membros que são (a) conjuntos; e (b) não membros de si mesmos. S é um membro de S? Se S é um membro de S, então ele deixa de cumprir a condição de não ser um membro de si mesmo. Mas se S não é um membro do S, então, ele atende às condições de ser um membro de S. Isso é conhecido como o paradoxo de Russell.

Em 1902 Russell, filósofo, matemático e futuro ganhador do Prêmio Nobel de Literatura (1950), apresentou esse paradoxo em uma carta ao matemático alemão Gottlob Frege. Para explicar o paradoxo a não matemáticos, Russell propôs, em 1918, o "paradoxo do barbeiro". O barbeiro de uma vila tem a seguinte placa em sua loja: "Faço a barba somente e de todos os homens da aldeia que não se barbeiam". Será que o barbeiro faz a própria barba? Se ele faz a própria barba, ele pertence ao conjunto de homens que se barbeiam – o que significa que ele não deveria fazer a própria barba. Se ele não faz a própria barba e decide usar uma barba cheia, então ele deveria fazê-la, de acordo com a placa. Esse é o dilema do barbeiro, pelo menos, até que ele retire a placa.

Russell também fez a famosa observação de que os Dez Mandamentos deveriam ser nominais (como uma prova oficial): "Não mais do que seis a serem tentados".

Veja também PARADOXO DO ARDIL 22, *p. 174.*

1903

França:
Raios N

Os raios da desilusão

René Blondlot (1849 – 1930)

Os raios N são um dos maiores fiascos da história da ciência.

Blondlot, um físico altamente respeitado da Universidade de Nancy, estava fazendo experiências com os recém-descobertos raios X, quando notou algumas coisas estranhas na radiação saindo de seu aparelho. Ele achou que tinha descoberto um novo tipo de radiação e a nomeou "raios N", em homenagem a sua universidade. Ele alegou que os raios N possuíam propriedades misteriosas, como poder ser armazenados em várias coisas, um tijolo, por exemplo, e que, se você pusesse o tijolo perto de sua cabeça, os raios aumentariam sua capacidade de enxergar no escuro.

Muitos cientistas ficaram céticos em relação a essas alegações. Em 1904, quando o físico americano Robert Wood ouviu falar dos raios N, decidiu fazer uma visita a Blondlot. Blondlot mostrou-lhe o aparelho em seu laboratório escurecido e leu várias medições em voz alta. Wood calmamente pôs o prisma de alumínio, que era uma parte crucial do aparelho, no bolso e pediu que Blondlot repetisse as medições. As novas medições foram exatamente semelhantes às anteriores. Wood publicou seu relatório no notório jornal *Nature*, alegando que os raios N não passavam de uma ilusão. "Que espetáculo para a ciência francesa, quando um de seus sábios ilustres mede as posições da linha do espectro, enquanto o prisma repousa no bolso de seu colega americano!", exclamou um cientista francês.

O relatório de Wood encerrou um dos maiores fiascos da história da ciência. Foi um caso de autoilusão, ou um esforço consciente para perpetrar uma farsa? Nós simplesmente não sabemos.

Sem agulhas ou cortes
Willem Einthoven (1860 – 1927)

O eletrocardiograma mede e registra a atividade elétrica do coração.

1903

Holanda:
Eletrocardiograma

Depois dos experimentos de Galvani com rãs (*veja p. 63*), os cientistas sabiam que as contrações musculares produzem correntes elétricas. Em 1887, o fisiologista francês Augustus Waller argumentou que se poderia avaliar o funcionamento do coração, medindo sua corrente elétrica. O desafio era medir essas correntes minúsculas com precisão suficiente. Ele colocou uma série de pequenos tubos de vidro cheios de mercúrio na superfície do corpo. O mercúrio subia e descia, com as mudanças nos impulsos do coração. Ele projetou as imagens da elevação e da baixa do mercúrio em um papel fotográfico e deu a isso o nome de cardiógrafo. Ele não conseguiu encontrar nenhuma aplicação clínica para seu dispositivo.

Einthoven, professor de fisiologia na Universidade de Leyden e um bom amigo de Waller, começou a testar o cardiógrafo em seu laboratório, que ficava em um antigo edifício de madeira, perto de uma rua de paralelepípedos. Sempre que carroças pesadas, puxadas por cavalos, passavam por perto, o prédio tremia – fazendo com que as leituras do cardiograma oscilassem.

O professor, frustrado, decidiu projetar um instrumento preciso e confiável. Ele modificou o galvanômetro, um dispositivo para detectar pequenas correntes elétricas, substituindo sua pesada bobina de ferro (suspensa entre os polos de um ímã em forma de ferradura) por um fio fino de quartzo revestido de prata. Enquanto o fio inclinava-se em resposta à corrente elétrica, seus movimentos delicados podiam ser gravados em um papel. Ele deu ao instrumento o nome de eletrocardiograma. Ele foi homenageado com o Prêmio Nobel de Fisiologia ou Medicina em 1924, por sua invenção, que se revelou uma ferramenta de diagnóstico valiosa em medicina.

1905

Alemanha: Terceira lei da termodinâmica

Termodinâmica de estábulo
Walther Nernst (1864 – 1941)

É impossível resfriar uma substância a uma temperatura de zero absoluto (-273,15°C).

Simplificando: o zero absoluto é inatingível. É possível aproximar-se dele quanto quisermos, mas não conseguimos realmente alcançá-lo. A entropia (*veja p. 92*) explica esse paradoxo. Quando a temperatura de uma substância se aproxima de zero absoluto, sua entropia se aproxima de zero. O vapor, por exemplo, tem uma entropia mais elevada do que a água, já que suas moléculas têm uma energia cinética superior e se movem mais rapidamente. Sua entropia diminui quando se condensa em líquido e diminui mais ainda quando se congela. Sua entropia seria zero, se continuássemos resfriando até o zero absoluto, e todo o movimento molecular (que é o que constitui o calor) iria parar completamente. Átomos e moléculas não podem ficar parados; isso é contra as leis da física – então, esse processo é impossível.

Nernst foi um dos grandes nomes da ciência alemã, e suas contribuições mais famosas foram em termodinâmica e eletroquímica. Ele foi agraciado com o Prêmio Nobel de Química, em 1920, por sua descoberta da terceira lei da termodinâmica.

Em uma fria manhã de inverno, Nernst estava visitando o estábulo em sua propriedade rural. Ele o achou agradavelmente quente, embora não houvesse nenhum equipamento de aquecimento lá. Quando perguntou por que o estábulo estava tão quente, foi informado que as próprias vacas exalavam calor. O famoso químico rapidamente percebeu que as vacas usavam uma parte de sua alimentação para se manterem aquecidas. Ele logo decidiu vender suas vacas e investir em criação de peixes, que estão sempre em equilíbrio termodinâmico com o seu ambiente, nas lagoas da propriedade.

Os átomos elusivos
Albert Einstein (1879 – 1955)

1905

Suíça: A prova de que os átomos existem

A ideia do átomo vem desde o tempo dos gregos antigos, mas Einstein foi o primeiro a fornecer uma prova matemática da sua existência.

Se você olhar para as partículas de poeira em um raio de sol, vai notar que elas se movem de forma contínua. De fato, partículas sólidas suspensas em um fluido estão em movimento constante. Esse movimento inquieto é chamado movimento browniano, em homenagem ao botânico escocês Robert Brown, que o descobriu, em 1827, quando estava usando um microscópio para ver minúsculos grãos de pólen na água. Brown não conseguiu explicar a causa desse movimento.

O rosto de Einstein – o velho homem de cabelos bagunçados e olhos penetrantes – é agora um ícone da ciência, mas em 1905 ele tinha apenas 26 anos e era um funcionário anônimo no Escritório de Patentes da Suíça, em Berna. Naquele ano, ele publicou três artigos – todos escritos em seu tempo livre – que abalaram o mundo. O segundo artigo era sobre o movimento browniano. Nesse trabalho, ele mostrou matematicamente que o movimento de partículas sólidas maiores, em suspensão em um líquido, é causado pelo movimento de moléculas minúsculas do fluido. As moléculas de um líquido estão sempre vibrando, e esse movimento faz com que elas colidam continuamente com as partículas maiores. Ele também calculou o caminho livre médio das partículas sólidas, a distância média que uma partícula iria viajar entre colisões.

O trabalho teórico de Einstein provou a existência das moléculas e, consequentemente, dos átomos, dos quais elas são feitas. Isso estimulou o físico francês Jean Perrin a realizar experimentos meticulosos com emulsões contendo partículas microscópicas do pigmento gamboge, provando, em 1908, que os átomos realmente existem.

Veja também RELATIVIDADE ESPECIAL, p. 118.

1905

Suíça: Relatividade especial

Uma nova maneira de olhar para o tempo

Albert Einstein (1879 – 1955)

O tempo não é uma quantidade absoluta. Nossas medições de tempo não são afetadas por nosso movimento.

O terceiro artigo de Einstein em 1905 tornou-se conhecido como "a teoria da relatividade especial". Os dois pressupostos fundamentais dessa teoria são: (a) as leis da física são as mesmas em todos os referenciais; e (b) a velocidade da luz é constante e é independente da velocidade do observador.

Essas suposições têm duas consequências bizarras. Primeiro, um relógio em movimento anda mais lentamente do que um fixo, em relação a um observador imóvel. "Se você quisesse viver mais tempo, poderia ficar voando para o leste, para que a velocidade do avião fosse adicionada à rotação da Terra", aconselha o físico britânico Stephen Hawking. "No entanto, a pequena fração de segundo que você ganharia não seria compensada pelas terríveis refeições a bordo." Em segundo lugar, um objeto em movimento parece contrair-se na direção do movimento, como visto por um observador imóvel. A contração é insignificante, a menos que a velocidade do objeto esteja próxima à velocidade da luz.

De acordo com uma história, provavelmente apócrifa, Elsa, a segunda esposa de Einstein, uma vez visitou um laboratório de alta tecnologia nos Estados Unidos. Mostraram-lhe alguns grandes equipamentos reluzentes e disseram-lhe que eles eram usados para examinar os segredos mais profundos do universo. "Isso é tudo?", retrucou a Senhora Einstein. "Meu marido fez isso no verso de velhos envelopes." Bem, nós não sabemos se a teoria da relatividade especial foi escrita em pedaços de papéis, mas ela com certeza mudou drasticamente a forma como olhamos para o tempo.

"O nariz de Deus" sabe se é A, B, C, D, E ou K

Frederick Hopkins (1861 – 1947)

1906

Inglaterra:
Vitaminas

As vitaminas são moléculas orgânicas essenciais para a dieta dos seres humanos.

No início do século XIX, os cientistas acreditavam que uma dieta saudável consistia em uma mistura adequada de gorduras, proteínas, carboidratos, minerais e água. Hopkins, um bioquímico, estava interessado no estudo da dieta e seus efeitos no metabolismo. Em 1906, notou que seus ratos de laboratório não cresciam, quando alimentados com uma dieta só de gorduras, proteínas e carboidratos. Mas os ratos cresceram rapidamente, quando ele acrescentou à dieta deles uma pequena quantidade de extrato de levedura. Ele concluiu que "nenhum animal consegue viver só de proteína, gordura e carboidratos". Ele sugeriu que doenças como raquitismo e escorbuto eram causadas pela falta dessa substância na dieta. Hopkins continuou sua pesquisa e, mais tarde, identificou dois componentes misteriosos, que ficaram conhecidos como as vitaminas A e D. As treze vitaminas conhecidas na dieta humana são nomeadas por letras: A, as oito vitaminas B (originalmente consideradas como uma só), C, D, E e K.

Em 1912, o bioquímico polonês Casimir Funk cunhou o termo "vitamina", quando descobriu a vitamina niacina (B3). Quando o bioquímico húngaro Albert Szent-Györgyi apresentou seu artigo para o jornal *Nature*, anunciando a descoberta da vitamina C, ele a chamou de "ignose", pois era um açúcar de composição desconhecida. O editor considerou o nome irreverente demais e rejeitou-o. Szent-Györgyi enviou seu artigo de volta, com o composto renomeado *"godnose"* (o nariz de Deus).

A descoberta de Hopkins, pela qual ele foi agraciado com o Prêmio Nobel em Fisiologia ou Medicina, em 1929, lançou as bases para o estudo das vitaminas.

1907

Estados Unidos:
Baquelite

Nosso futuro nos plásticos
Leo Baekeland (1863 – 1944)

A baquelite foi o primeiro plástico sintético. Perdoe o clichê: ela realmente transformou o mundo.

Em 1893, Baekeland, um químico belga, inventou um papel fotográfico, Velox, que poderia ser revelado pela luz artificial. Papéis anteriores tinham de ser impressos na luz solar. Velox atraiu a atenção de George Eastman, que introduziu para o mundo a câmera Kodak e o slogan "Você aperta o botão, nós fazemos o resto". Na reunião para discutir o acordo para comprar Velox, Eastman imediatamente ofereceu a Baekeland 1 milhão de dólares (uma soma impressionante, naqueles dias). Baekeland tinha decidido pedir 50 mil dólares e teria aceitado até mesmo 25 mil, se Eastman não concordasse. "Tive a sorte de estar sentado, caso contrário, eu teria voado pelo telhado", recordou mais tarde.

De repente, milionário aos 35 anos, Baekeland estava agora pronto para a sua próxima grande invenção. Ele sabia que a indústria elétrica em expansão estava à procura de um isolante alternativo para fios. A demanda para o isolante comum, a goma-laca, uma resina natural, estava superando a oferta. Após três anos de experimentos, Baekeland novamente tirou a sorte grande. Ele tinha feito uma substância translúcida dura – que chamou de baquelite – a partir de fenol e formaldeído, que podia ser moldada facilmente em qualquer forma. A baquelite, o primeiro plástico verdadeiro, logo se tornou o material para fazer tudo: desde peças de motor de carro a joias artificiais.

Se você já viu o filme *A primeira noite de um homem* (1967), deve recordar o Sr. McGuire dizendo: "Só quero dizer uma palavra para vocês. Apenas uma palavra: plástico. Há um grande futuro em plásticos". Baekeland inventou esse futuro.

Efeitos pão e borboleta

Jules Henri Poincaré (1854 – 1912)

1908

França: Caos

O comportamento de um sistema dinâmico depende de suas pequenas condições iniciais.

"Pequenas diferenças nas condições iniciais produzem diferenças muito grandes nos fenômenos finais. Um pequeno erro no começo produzirá um erro enorme no final. Uma previsão torna-se impossível." Poincaré, o famoso matemático e filósofo da ciência, fez essa observação em seu livro *Ciência e método* (1908).

A observação de Poincaré recebeu pouca atenção de seus contemporâneos, mas rendeu-lhe o título de "fundador da teoria do caos". O primeiro estudo do comportamento caótico na natureza foi feito pelo meteorologista americano Edward Lorenz em 1963, quando ele desenvolveu um modelo de computador para prever padrões climáticos. Ele ficou surpreso ao descobrir que mesmo uma pequena mudança nos valores iniciais resultava em condições extremamente diferentes em suas previsões. Isso às vezes é chamado de "efeito borboleta": uma ação tão pequena quanto um bater de asas de uma borboleta, por exemplo, em Nova Deli, poderia causar uma tempestade de neve, semanas depois, a milhares de quilômetros de distância, em Londres. Comportamento caótico ocorre em fenômenos tão diversos como o mercado de ações, mudanças populacionais e as batidas do coração humano.

Há também uma história absolutamente não caótica, provavelmente apócrifa, sobre Poincaré, que tinha o hábito de comprar pão fresco todos os dias do padeiro local. Ele suspeitou que o pão pesava menos do que o peso anunciado de um quilo. Ele começou a pesar o pão todo dia, em sua casa. Após um ano, ele desenhou o gráfico dos pesos diários, que mostrou uma "curva do sino" com o peso mínimo de 950 gramas, mas encurtada no lado esquerdo da marca do quilo. Ele relatou a questão às autoridades.

1908

Alemanha:
O processo de Haber

A revolução do fertilizante
Fritz Haber (1868 – 1934)

No processo de Haber, o nitrogênio do ar é extraído para produzir amoníaco.

No início do século XIX, o fertilizante artificial mais utilizado na Europa era o nitrato de potássio, que vinha de ilhas próximas ao Chile e Peru. Antes da Primeira Guerra Mundial, o bloqueio aliado cortou o fornecimento à Alemanha dessa mercadoria agrícola essencial. Químicos alemães começaram a procurar outras formas de fazer compostos de nitrogênio, pois ele é essencial para o crescimento das plantas. O nitrogênio compõe cerca de quatro quintos da atmosfera, mas ninguém nunca tinha descoberto uma maneira de "fixá-lo" em um composto. A solução engenhosa de Haber foi passar uma mistura de nitrogênio e hidrogênio por ferro, que serve como catalisador, a uma pressão e temperatura muito elevada. Os gases combinam-se para formar amônia, que é então usada para fazer fertilizantes de nitrato.

Haber gostava de contar histórias. Depois de uma longa caminhada em um dia quente, ele chegou a uma calha de água em uma vila. Enfiou o rosto na água fria. Sem conhecê-lo, um boi também mergulhou a cabeça na água, do outro lado da calha. Quando eles se levantaram, olharam um para o outro e descobriram que tinham trocado de cabeça. Haber terminaria seu conto assustador: "E desde aquele tempo..."

Desde aquela época, pelo menos, o processo de Haber fez com que os fertilizantes à base de nitrato se tornassem baratos. Pode-se dizer que esse processo é a reação química mais importante da história. Ele tem contribuído para sustentar o crescimento maciço da população humana ao longo do último século.

Revolvendo as camadas da Terra

Andrija Mohorovičić (1857 – 1936)

1909

*Croácia:
Descontinuidade de
Mohorovičić (Moho)*

A fronteira entre a crosta e o manto da Terra é chamada de Moho.

Em 1900, os geólogos tinham certeza de que a Terra era feita de muitas camadas, como uma cebola, mas eles não sabiam ao certo onde as camadas começavam e terminavam. O sismógrafo – um instrumento para registrar as ondas de choque que viajam, em todas as direções, depois de um terremoto – também foi desenvolvido aproximadamente na mesma época. Mohorovičić, um dos primeiros sismólogos, ajudou a estabelecer uma rede de estações de gravação sísmica, na Croácia. Quando um terremoto sacudiu o Vale do Kupa em 1909, ele estava bem equipado para fazer um estudo científico sobre esse evento geológico.

As gravações das estações croatas mostraram claramente dois tipos de ondas sísmicas. As estações mais próximas ao terremoto registraram ondas que viajavam lentamente, mas as gravações de estações mais distantes mostraram ondas que viajavam rapidamente. Ele interpretou que as ondas lentas viajaram diretamente do centro do terremoto através da crosta, enquanto as ondas rápidas deviam ter passado por uma camada de rochas mais densas abaixo da crosta (ondas aceleram quando passam por rochas mais densas). Ele concluiu que havia uma camada de separação – uma descontinuidade – entre a crosta e o manto.

Geólogos já rastrearam o Moho (abreviação de descontinuidade de Mohorovičić) pelo mundo inteiro. Ela existe em uma profundidade média de oito quilômetros sob as bacias oceânicas e a cerca de 32 quilômetros abaixo dos continentes. Eles também descobriram outras duas fronteiras: uma, entre o manto e o núcleo, e outra, entre o núcleo externo líquido e o núcleo interior sólido.

1909

Estados Unidos:
A carga do elétron

"Tudo que vi foi um brilho"
Robert Millikan (1868 – 1953)

A famosa experiência da gota de óleo de Millikan mostrou que o elétron é a unidade fundamental da eletricidade.

O dispositivo de Millikan consistia apenas em uma pequena caixa ligada a um microscópio. Ao redor da caixa, havia duas placas de bronze. Um vaporizador injetava gotas de óleo entre as placas. Ao ajustar a voltagem, a carga das placas poderia ser alterada até que as gotas ficassem paradas no ar. Nesse momento, a carga da gota (força elétrica ascendente) igualava-se ao seu peso (força descendente da gravidade). A partir desses dados, Millikan calculou a carga absoluta do elétron, que é por convenção chamada unidade negativa, -1, carga elétrica negativa.

Nos últimos anos, Millikan, que foi agraciado com o Prêmio Nobel de Física em 1923, foi alvo de críticas por "maquiar" seus dados experimentais. Maquiar dados significa usar apenas os resultados que se encaixam na teoria e descartar outros. Seus cadernos de laboratório revelam que ele era seletivo no uso de seus dados. O poeta americano Robert Frost acertou em cheio em *A Wish to Comply* [Um desejo de satisfazer], publicado em 1949, muito antes da atual controvérsia:

Será que eu vi passar
esse mote de Millikan?
Bem, eu disse que sim.
Fiz uma boa tentativa.
Mas não sou um bom modelo.
Se tenho algum defeito
é um desejo de satisfazer
e como ordenado ver.
Meio que suspeito
que a tampa foi tudo o que vi
passar sobre meu olho.
Honestamente penso
Que uma piscadela foi
tudo que vi.

Um ícone da ciência

Ernest Rutherford (1871 – 1937)

> 1911
>
> *Inglaterra:*
> *Modelo atômico*

A imagem do átomo de Rutherford – elétrons em velocidade orbitando um minúsculo núcleo semelhante ao Sol – é familiar a todos.

A primeira imagem real da estrutura interna do átomo surgiu em 1897, quando o físico britânico J.J. Thomson sugeriu que o átomo era como um pudim de Natal, no qual elétrons "passas" com carga negativa estão mergulhados em um "pudim" esférico de prótons carregados positivamente. Esse delicioso modelo logo foi substituído por um superior, melhorado por seu aluno. O modelo de Rutherford mostrou que o átomo continha um núcleo denso composto por prótons carregados positivamente e nêutrons neutros. A maior parte do átomo era espaço vazio – com os elétrons, como os planetas em torno do sol, movendo-se ao redor do minúsculo núcleo central.

Esse modelo logo se tornou um ícone, pelo qual nós ainda reconhecemos o átomo. Embora seja essencialmente correto, ele tem um grande problema: de acordo com a física clássica, um elétron girando deve irradiar energia e, portanto, descreve um caminho de raio cada vez menor, até que espirala de encontro com o núcleo. O modelo de Rutherford foi substituído pelo modelo atômico quântico (*veja p. 130*).

Nascido na Nova Zelândia, Rutherford, que era físico, foi agraciado com o Prêmio Nobel de Química, em 1908, por seu trabalho sobre radioatividade. Ele adorava falar com os amigos que a transformação mais rápida que conhecia era a de físico para químico. Por ocasião de sua morte, o jornal *New York Times* observou: "É concedido a poucos homens alcançar a imortalidade e menos ainda alcançar o ranking olímpico durante a própria vida. Lord Rutherford conseguiu os dois".

1911

Holanda:
Supercondutividade

O caminho da não resistência

Heike Kamerlingh Onnes (1853 – 1926)

Um supercondutor carrega eletricidade sem qualquer resistência.

Uma corrente elétrica é o fluxo de elétrons através de um condutor. Ao saltarem de um átomo para o outro em um condutor, os elétrons perdem um pouco de energia na forma de calor. Um supercondutor carrega eletricidade sem perda de energia. Kamerlingh Onnes, físico da Universidade de Leyden, dedicou sua vida ao estudo de materiais em temperaturas extremamente baixas. Zero absoluto (uma temperatura de -273.15° C) é teoricamente o limite mais baixo de temperatura. Os átomos e as moléculas de todos os materiais estão sempre em movimento, mas, a essa temperatura, eles parariam de vibrar. As leis da física ditam que é possível aproximar-se do zero absoluto, tanto quanto quisermos, mas ele nunca pode ser realmente alcançado.

Em 1908, Kamerlingh Onnes conseguiu resfriar o hélio a -268° C. Ele estava certo quando declarou que o lugar mais frio da Terra estava situado em Leyden. Ele imergiu vários metais em hélio líquido a fim de estudar suas propriedades e ficou surpreso ao descobrir que o mercúrio tinha perdido completamente a sua resistência a essa baixa temperatura. Ele publicou seus resultados em 1911, e dois anos mais tarde *le gentleman du zéro absolu*, como ele ficou conhecido em seu país, foi agraciado com o Prêmio Nobel de Física por sua descoberta.

O supercondutor mais quente construído até hoje funciona a uma temperatura de -103° C. A supercondutividade à temperatura ambiente está na lista de desejos dos cientistas. Se for alcançada, abriria caminho para muitas maravilhas técnicas: de processadores de computadores super-rápidos a trens ecologicamente corretos e navios movidos a eletricidade.

Um perigo cósmico

Victor Hess (1833 – 1964)

1912

*Áustria:
Raios cósmicos*

Os raios cósmicos são partículas elementares que viajam pelo universo a velocidades próximas à da luz.

Por algum tempo, os cientistas tinham ficado intrigados pelo fato de que o ar em eletroscópios de folhas se tornava eletricamente carregado, mesmo com os instrumentos muito bem vedados. (O eletroscópio de folha é um dispositivo simples para medir a carga elétrica. Duas tiras de folha de ouro se repelem quando carregadas, mas, quando a radiação ioniza o ar, a carga se perde, e as tiras se juntam lentamente.) O que estava ionizando o ar, então, permitindo-lhe conduzir eletricidade? Alguns cientistas responsabilizaram a radioatividade do solo, mas Hess, físico da Academia de Ciências de Viena, especulou que a fonte de radiação poderia estar localizada no ar, e não no solo. Ele empreendeu uma série de voos de balão para testar sua hipótese.

Seus voos mostraram que a ionização em seus instrumentos hermeticamente fechados aumentou visivelmente a partir de mil metros. Para descartar o Sol como fonte, ele fez um voo de balão em um dia de eclipse solar total e não observou nenhuma diminuição da ionização. Concluiu que o ar era ionizado por algo misterioso, que vinha do espaço sideral. O nome "raios cósmicos" foi sugerido, em 1925, pelo físico americano Robert Milliken.

Os raios cósmicos são partículas elementares em rápido movimento – em sua maioria prótons e núcleos atômicos – que são produzidas em explosões de supernovas. Eles continuamente bombardeiam a Terra em todas as direções. Estamos bem protegidos dos efeitos prejudiciais ao DNA desses raios pela atmosfera e pelo campo magnético da Terra.

1912

Inglaterra: Homem de Piltdown

Nosso falso antepassado

Vários antropólogos britânicos

Uma fraude que enganou muitas das maiores mentes da ciência por quatro décadas.

Um crânio – uma mistura de humano e macaco – foi descoberto em 1912, em uma área de escavação na aldeia de Piltdown, em Sussex. Ele foi descrito como um fóssil de 500 mil anos de idade, assim como a prova da ancestralidade dos seres humanos com relação aos macacos – o "elo perdido" entre macacos e humanos, que os antropólogos têm procurado desde que Darwin postulou a existência de formas intermediárias entre macacos ancestrais e seres humanos modernos. O homem de Piltdown foi saudado por muitos antropólogos britânicos como um ancestral do *Homo sapiens*. Foi nomeado *Eoanthropus dawsoni*, "homem da madrugada de Dawson", em homenagem a Charles Dawson, um arqueólogo amador, que encontrou os restos mortais.

Quando os fósseis de *Australopithecus*, um hominídeo primitivo, foram encontrados na África, na década de 1930, o homem de Piltdown tornou-se um enigma. Em 1953, a análise química e a datação radiométrica mostraram que o fóssil era uma fraude: a mandíbula inferior era de um orangotango fêmea, deliberadamente colorida para parecer antiga; o crânio era de origem humana e inferior a mil anos de idade.

O homem de Piltdown é uma das maiores falsificações da história da ciência. Milhares de livros didáticos tiveram de ser revistos, quando esse falso antepassado dos seres humanos foi desmascarado. Os autores da fraude nunca foram identificados. No entanto, várias pessoas ficaram sob suspeita, incluindo Dawson, Sir Arthur Keith, um anatomista eminente, que vigorosamente apoiou a ideia de que o fóssil era de fato o "elo perdido", e Sir Arthur Conan Doyle, o criador de Sherlock Holmes, que viveu em Sussex e jogava golfe em Piltdown.

Veja também O Fóssil chamado Lucy, p. 189.

Cuidado com o nível de colesterol em seu sangue

Nikolai Anichkov (1885 – 1964)

1912

Rússia: O colesterol e o entupimento das artérias

O colesterol alto aumenta o risco de doença cardíaca coronária, atualmente a doença mais fatal do mundo.

"Cuidado com seu nível de colesterol no sangue", é o mantra que os médicos repetem para seus pacientes mais velhos. Colesterol demais na corrente sanguínea provoca a aterosclerose, ou o endurecimento das artérias, que é responsável por uma grande parte dos ataques cardíacos. Existem dois tipos de colesterol: LDL (lipoproteína de baixa densidade) é chamado de colesterol "ruim", porque é depositado nas paredes das artérias e as obstrui; HDL (lipoproteína de alta densidade) é chamado de colesterol "bom", porque desobstrui as artérias. Quanto maior o nível de LDL, maior será o seu risco de doença cardíaca. Mas quanto mais elevado seu nível de HDL, menor o seu risco.

O colesterol, uma molécula encontrada na maioria dos tecidos de origem animal, é a molécula mais condecorada da história, tendo contribuído para 13 Prêmios Nobel. Mas o trabalho do cientista russo, que foi o primeiro a descobrir a ligação entre níveis elevados de colesterol no sangue e a aterosclerose, não foi nem reconhecido pelos cientistas fora da Rússia. Anichkov era um patologista de 27 anos de idade, quando mostrou que os coelhos alimentados com leite e gemas de ovos, uma dieta carregada com colesterol, desenvolveram aterosclerose. Em 1924, ele refinou sua hipótese: um alto nível de colesterol no sangue, não no alimento ingerido, provoca aterosclerose.

A ligação entre o colesterol e a aterosclerose é hoje considerada uma das maiores descobertas da medicina ocidental. Como os resultados da pesquisa de Anichkov só foram publicadas em jornais médicos russos e por causa da divisão criada pela Guerra Fria, essa grande descoberta não ficou à disposição dos cientistas ocidentais durante décadas.

1913

Dinamarca: Modelo atômico quântico

"Funciona, mesmo se você não acredita"

Niels Bohr (1885 – 1962)

O átomo lembra uma nuvem difusa e não a imagem familiar dos elétrons em órbita ao redor de um pequeno núcleo parecido com o Sol.

Bohr, uma figura importante na física atômica do século XX, combinou o modelo clássico do átomo de Rutherford (*veja p. 125*) e a teoria quântica de Planck (*veja p. 110*). Ele disse que os elétrons só podem ficar em órbitas circulares fixas. Cada órbita tem uma quantidade específica de energia. A órbita mais próxima do núcleo é a que tem menos energia, com as energias aumentando sucessivamente, à medida que as órbitas ficam mais distantes. A energia dos elétrons é restrita a certos valores discretos, isso é, a energia é quantizada. Isso significa que apenas certas órbitas são permitidas. Um elétron pode mover-se de uma órbita para outra, mas não pode ocupar uma posição entre elas. A luz é absorvida, quando um elétron salta para uma órbita mais alta, e emitida, quando um elétron cai para uma órbita mais baixa.

O modelo de Bohr está próximo do modelo moderno de mecânica quântica, e os elétrons não estão fixados em órbitas precisas. Em vez disso, ele dá a possibilidade de encontrá-los em diferentes lugares perto do núcleo. Se o provável local de um elétron é traçado no espaço, a área se parece com uma nuvem difusa, que se estende sobre a maior parte do átomo.

De acordo com I. B. Cohen, um famoso historiador da física, Bohr gostava de contar a história de um físico, que tinha uma ferradura pendurada na porta de seu laboratório. Quando seus colegas perguntavam se ele acreditava em superstições, o físico respondia: "Não, não acredito em superstições. Mas me falaram que elas funcionam, mesmo se você não acredita nelas".

Uma identidade para os elementos

Henry Moseley (1887 – 1915)

1913

*Inglaterra:
Números atômicos*

O número atômico de um átomo é o número de prótons presentes em seu núcleo.

O número de prótons no núcleo de cada elemento é sempre o mesmo. Isso significa que cada elemento tem um único número atômico. Como o átomo é eletricamente neutro, o número atômico também nos diz o número de elétrons no átomo. Geralmente, escrevemos os números atômicos como um subscrito na frente do símbolo do átomo. (O número de massa do átomo – que é a soma de todos os prótons e nêutrons em seu núcleo – é escrita como um expoente.)

Devemos o nosso conhecimento de números atômicos a Moseley, um químico brilhante. Depois de examinar os espectros de 38 elementos, do alumínio ao ouro, ele concluiu que havia uma "quantidade fundamental, que aumenta em medidas regulares, quando passamos de um elemento para o próximo". Ele identificou essa quantidade fundamental como a carga do próton. Ele tinha descoberto a Lei dos Números Atômicos: as propriedades dos elementos são funções periódicas de seus números atômicos. Ele organizou uma nova tabela periódica dos elementos, baseada não em pesos atômicos – como a feita por Mendeleev (*veja p. 93*) –, mas em números atômicos. Embora não tenha alterado significativamente a tabela de Mendeleev, confirmou as posições dos elementos.

Moseley morreu em Gallipoli, durante a Primeira Guerra Mundial, com 27 anos de idade. Todo seu trabalho foi feito em menos de quatro anos. "Antes de o mundo ouvir falar dele, ele tinha ido embora", observa Bernard Jaffe, em sua obra clássica sobre biografias de químicos, *Crucibles* [Crisóis], de 1957.

1913

*Estados Unidos:
Linha de montagem
automobilística*

O mundo sobre rodas
Henry Ford (1863 – 1947)

A ideia da linha de montagem móvel não foi de Ford, mas ele foi o primeiro a usá-la para a produção de carros, inventando, assim, a produção em massa.

Ford, um fabricante de automóveis que fundou a Ford Motor Company em 1903, estava determinado a "construir um carro para a grande massa... então, com um preço tão baixo, que todo homem seria capaz de possuir um". Ele realizou seu sonho em 1908, quando lançou o Modelo T, ou Tin Lizzie, como era carinhosamente conhecido. Antes de Modelo T, que foi um sucesso instantâneo, a Ford construía carros como qualquer outro fabricante – um de cada vez. O Modelo T era barato, mas ainda não era acessível para a "grande massa".

Para produzir o carro em grande escala, ele aplicou os quatro princípios da produção em massa: a divisão do trabalho, o fluxo contínuo, peças intercambiáveis e reduzir o esforço desperdiçado. A divisão do trabalho significa dividir um trabalho complexo em várias tarefas simples. Ele separou o complexo processo de montagem do motor em 84 operações diferentes. O trabalho que era feito por um trabalhador exigia agora 84 trabalhadores, cada um fazendo uma simples operação, enquanto uma correia transportadora movia as peças ao longo da linha de trabalhadores. O método aumentou a produção quatro vezes. Até 1913, todos os trabalhadores estavam treinados para realizar várias operações necessárias para produzir o Modelo T dessa nova maneira, o que reduziu o tempo de montagem de um carro de 12 horas para 93 minutos.

O último dos mais de 15 milhões de Modelos T (que saíram com a famosa promessa de Ford: "Qualquer cor – contanto que seja preto") foi produzido em massa, em 1927.

Lançando ao mar os velhos pontos de vista

Alfred Wegener (1880 – 1930)

1915

Alemanha:
Deriva continental

Wegener foi o primeiro a sugerir que os continentes tinham, um dia, sido unidos em um supercontinente gigante.

Wegener, um meteorologista, chamou esse supercontinente *Pangaea* (grego para "toda a Terra"). Ele começou a se romper há cerca de 200 milhões de anos e formar os continentes que conhecemos hoje, que lentamente flutuaram à deriva até suas posições atuais. As montanhas foram formadas quando as bordas de dois continentes à deriva se esmagaram e dobraram; e os oceanos, quando os continentes se afastaram para longe um do outro.

Desde que Darwin propôs que as espécies são relacionadas por descendência, os cientistas acreditavam que "pontes continentais" tinham, um dia, conectado os continentes. As pontes, que permitiam que as espécies atravessassem os oceanos, teriam afundado quando o planeta esfriou e encolheu. A ideia de um supercontinente começou a desenvolver-se na mente de Wegener, quando ele notou o ajuste, que parecia um quebra-cabeça, entre as costas da África e da América do Sul. Ele apresentou sua teoria em seu livro de 1915, *A origem dos continentes e oceanos*. O livro tornou-se o mais controverso, zombado e ridicularizado livro na história da geologia. Alguns cientistas proeminentes rotularam o livro de "completa e maldita podridão!" e questionaram a "sanidade científica" de Wegener.

Parte do problema era que ele nunca apresentou um mecanismo convincente para sua teoria. Os geólogos descobriram esse mecanismo na década de 1960, e agora as ideias de Wegener são parte da teoria das placas tectônicas. Os continentes ainda estão se afastando, como sugerido por Wegener, que acreditava que: "Se, afinal, sentido e significado estão agora se tornando evidentes... por que devemos hesitar em lançar ao mar os velhos pontos de vista?"

Ganchos e olhos dos átomos

1916

Estados Unidos:
Ligações químicas

Gilbert Lewis (1875 – 1946)

A ligação química é uma grande força de atração que liga átomos em uma molécula.

Em seu poema épico sobre a natureza do universo, o poeta romano Lucrécio, do século I a.C., disse que alguns átomos tinham projeções semelhantes a ganchos, e outros tinham projeções parecidas com olhos, e que dois átomos se combinam quando o gancho de um se prende ao olho do outro. Gilbert, professor de química na Universidade da Califórnia, em Berkeley, fez o primeiro esforço científico para explicar a união entre dois átomos.

Todos os gases nobres – neon, hélio, argônio, criptônio e xenônio - têm uma configuração eletrônica estável em suas conchas ultraperiféricas ou de valência (oito elétrons, com exceção do hélio, que tem dois). Os gases nobres não reagem com outros elementos, mas outros elementos reagem, porque têm aberturas em suas conchas de valência. Lewis sugeriu que a transferência completa dos elétrons de valência, de um átomo para outro, forma ligações iônicas (por exemplo, o sódio transfere um elétron para o cloro, para formar o cloreto de sódio). Mas, quando dois átomos compartilham elétrons, eles formam uma ligação covalente (por exemplo, o hidrogênio e o cloro compartilham um par de elétrons para formar o cloreto de hidrogênio). Em 1931, outro químico americano, Linus Pauling, usou a mecânica quântica para explicar a teoria de Lewis. Ele foi agraciado com o Prêmio Nobel de Química, em 1954. Lewis foi o único cientista americano realmente notável a não ganhar um Prêmio Nobel. No entanto, suas ligações químicas ainda são ensinadas em cursos introdutórios de química.

Uma vez, durante uma aula, Lewis foi interrompido, de forma grosseira, por uma pergunta de um aluno brilhante. Ele reagiu imediatamente: "Meu jovem, essa foi uma pergunta impertinente, mas, na presente conexão, é totalmente pertinente".

Um momento revolucionário na medicina

Frederick Banting (1891 – 1941)

1921

Canadá: Insulina

A insulina é o hormônio responsável pela regulação da taxa de açúcar no sangue; sua deficiência resulta na doença debilitante chamada diabetes.

Depois de voltar da Primeira Guerra Mundial, Banting, um cirurgião do exército, montou um consultório e esperou por pacientes. Apenas um paciente o visitou, no primeiro mês. Para fazer face às despesas, ele aceitou um emprego de professor. Uma noite, enquanto se preparava para uma aula, ele deparou com um artigo sobre a ligação entre o pâncreas, a glândula mais importante na digestão, e o diabetes. Os cientistas sabiam que a remoção do pâncreas em cães levava ao diabetes, mas não tinham certeza de como isso funcionava. Banting achou que poderia resolver o problema. Ele fez algumas anotações para uma experiência: "Amarre os dutos do pâncreas de cães. Espere por seis ou oito semanas. Remova e extraia."

No dia seguinte, ele explicou suas ideias para J. J. R. Macleod, professor de fisiologia na Universidade de Toronto, e solicitou espaço no laboratório, dez cães e um assistente. Como Macleod estava com pressa para sair de férias, aprovou o plano. Banting e Charles Best, um estudante de pós-graduação, passaram a trabalhar com seus cães.

Dentro de algumas semanas, a dupla obteve resultados interessantes. Mas, apesar de o extrato ter funcionado em cães, funcionaria em seres humanos? Banting e Best injetaram o primeiro extrato um no outro, para garantir que ele não iria causar nenhum dano, e, em seguida, em um menino de quatorze anos de idade, morrendo de diabetes. O nível de açúcar no sangue do garoto voltou ao normal. Banting tinha isolado com sucesso a insulina (um nome sugerido por Macleod) e, ao fazê-lo, tinha descoberto um tratamento que salvaria a vida de pessoas que sofrem de diabetes.

1922

Estados Unidos:
Halitose

"Sempre a dama de honra, mas nunca a noiva"

Gerard Lambert (1886 – 1967)

Não, Lambert não descobriu a halitose, mas seu nome está para sempre ligado a ela.

Quando um antigo empregado da Companhia Farmacêutica Lambert, fabricante do Listerine, viu um relatório sobre halitose na revista médica britânica *Lancet*, ele mencionou o assunto para Lambert, filho do fundador da empresa. "O que é halitose?", perguntou Lambert. "Ah, é o termo médico para o mau hálito", respondeu o funcionário. Lambert apoderou-se da palavra mágica como base para uma campanha publicitária para os enxaguantes bucais de sua empresa. A campanha pegava pesado nos efeitos do mau hálito na vida das pessoas (o caso patético de "Edna", que era "sempre a dama de honra, mas nunca a noiva" ou o trágico caso do empregado "demitido – e por uma razão da qual ele nunca suspeitou"), e as vendas dispararam.

O Listerine foi inventado em 1879, pelo pai de Lambert, um químico, que conseguiu convencer Joseph Lister, o pioneiro da cirurgia antisséptica (*ver p. 91*), a conceder-lhe o direito de batizar seu novo produto com o nome do nobre homem. Lambert, em sua autobiografia *All Out of Step* [Tudo fora de compasso], de 1956, revelou: "Tive medo de que minha lápide tivesse a inscrição: 'Aqui jaz o corpo do pai da halitose'". Não há tal inscrição em seu túmulo, mas a história o registra com esse nome.

A halitose não é um distúrbio moderno. A aflição – e curá-la com um antisséptico bucal (originalmente feito de vinho e ervas) – foi registrada já em 1550 a.C. Bactérias orais, que produzem gases de odor fétido, como o sulfeto de hidrogênio, a cadaverina e a putrescina, são a principal causa da halitose.

Pequenos cientistas descobrindo seus próprios mundos
Jean Piaget (1896 – 1980)

1923

Suíça: Como as crianças aprendem

Piaget mudou fundamentalmente a visão de como as crianças aprendem.

Mostramos à criança uma torre de blocos em uma mesa e pedimos a ela para construir uma segunda torre da mesma altura em outra mesa (menor ou maior do que a primeira), com blocos de um tamanho diferente. Ela começa a olhar ao redor, procurando um padrão de medida; curiosamente, a primeira ferramenta de medição que vem à sua mente é seu próprio corpo. Ela põe uma mão no topo de sua torre e outra na base, e, em seguida, tentando manter as mãos a mesma distância, se move até a outra torre para compará-la.

Piaget, psicólogo pioneiro, que desvendou os mistérios do desenvolvimento cognitivo para gerações de professores e pais, passou grande parte de sua vida profissional observando como as crianças aprendem (ele escreveu sobre a experiência acima, com um menino de seis anos de idade, em 1953). A partir dessas experiências, ele dividiu o desenvolvimento cognitivo em quatro estágios: (1) sensório-motor, de 0-2 anos; (2) pré-operatório, 2-6 anos; (3) operatório concreto, 6-11 anos; e (4) operatório formal, 11-adulto.

Ele mostrou que, nas palavras de Seymour Papert, um educador proeminente que trabalhou com Piaget, "as crianças não são recipientes vazios a serem preenchidos com conhecimento (como a teoria pedagógica tradicional dizia)". Em vez disso, elas são "construtoras ativas do conhecimento – pequenos cientistas que estão constantemente criando e testando suas próprias teorias sobre o mundo". Piaget publicou cerca de 60 livros; o primeiro, *O julgamento moral na criança*, em 1923. Ele estava principalmente interessado em como o conhecimento se desenvolvia nos seres humanos, o que ele chamou de "epistemologia genética".

1925

Estados Unidos:
O julgamento
de Scopes

Um caso bizarro
John Scopes (1900 –1970)

Scopes foi acusado de violar a lei estadual por ensinar a teoria da evolução de Darwin.

Scopes, um professor de biologia do ensino médio, de 24 anos de idade, tinha atribuído a seus alunos uma tarefa simples: ler cinco páginas de um livro popular de biologia, que falavam sobre a evolução. Ele foi acusado de violar uma lei do estado do Tennessee, que tornava ilegal ensinar qualquer teoria que nega "a Criação Divina do homem, como ensinada na Bíblia".

O julgamento entre evolucionismo e criacionismo transformou a pequena e árida cidade mineradora de Dayton em um carnaval. Banners decoravam a rua. Barracas vendiam limonada "Frisante do Macaco" e bótons com os dizeres "Seu pai é um Macaco". Chimpanzés foram trazidos para a cidade para "testemunhar" a favor da acusação. Cerca de mil pessoas lotaram o tribunal. Depois de sete dias de testemunhos e discussões entre o Ministério Público ("Se a evolução ganhar, o Cristianismo morre") e a defesa ("Scopes não está em julgamento; a civilização está") e oito minutos de deliberações do juiz, Scopes foi condenado e multado em 100 dólares. Um ano depois, a Suprema Corte do Tennessee anulou a sentença e rejeitou as acusações, concluindo: "Nada se ganha prolongando a vida desse caso bizarro".

Depois de 80 anos, a evolução foi novamente questionada em um tribunal dos Estados Unidos. Em 2004, a região do Distrito Escolar de Dover, na Pensilvânia, instruiu os professores a introduzir o ensino da evolução com um aviso dizendo que a evolução não é um fato. Depois de um julgamento de 40 dias entre o evolucionismo e o Design Inteligente (ID), o tribunal decidiu, em 2005, que o ID não é uma teoria científica, mas um criacionismo reembalado e proibiu o Distrito "de exigir que os professores denegrissem ou desacreditassem a teoria científica da evolução".

No começo
Georges Lemaître (1894 – 1966)

1927

Bélgica: Big Bang

O universo começou cerca de 13,8 bilhões de anos atrás, em um estado explosivo quente e denso.

*No começo era uma bomba escura
que explodiu. A fumaça que cegava
continuou crescendo, crescendo em uma névoa tropical,
intoleravelmente brilhante.*

É assim que o poeta britânico Edward Larrissy imaginou o Big Bang, em seu poema de 1994. Mas os cientistas o veem de forma diferente. No início, o universo era infinitamente denso e inimaginavelmente quente. Toda a matéria, energia, tempo e espaço começaram nesse instante. Depois de um bilhão de trilhões de trilhões de trilionésimo de segundo (10-43 segundo), o universo começa a inflar. O espaço e o tempo se desembaraçam; a brevidade significativa começa. Depois de cem bilhões de trilionésimo de segundo (10-23 segundo), o universo era uma sopa superquente (mil trilhões de trilhões de graus Celsius ou 1.027° C) de elétrons, quarks e outras partículas. Depois de 380 mil anos, quando o universo tinha esfriado a 3.000° C, prótons, nêutrons e elétrons combinaram-se para formar os primeiros átomos. As primeiras estrelas e galáxias se formaram após um bilhão de anos, quando a temperatura caiu para -200° C. As primeiras estrelas já morreram, e o universo esfriou para -270° C (3° C acima do zero absoluto – veja RADIAÇÃO CÓSMICA DE FUNDO EM MICRO-ONDAS, p. 179).

Lemaître, padre e astrônomo, foi o primeiro a propor que o universo tinha sido formado a partir de um "átomo primordial". Quando explodiu, os fragmentos começaram a voar para longe do ponto de explosão, ainda estão voando agora e continuarão a fazê-lo indefinidamente. Em 1948, o físico norte-americano

George Gamow aprofundou a teoria de Lemaître.

O que veio antes do Big Bang e o que o desencadeou? Os cientistas não podem responder a essa pergunta, porque para eles o tempo só começou com o Big Bang, e, antes dele, não havia nada.

Veja também O UNIVERSO EM EXPANSÃO, *p. 145*, ONDAS GRAVITACIONAIS PRIMORDIAIS, *p. 212.*

Pelo amor às locomotivas

Werner Heisenberg (1901–1976)

1927

*Alemanha:
O princípio da
incerteza*

Não é possível saber simultaneamente
a posição e o momento exatos
de uma partícula.

A natureza colocou um limite para a precisão com a qual podemos medir tanto a posição quanto o momento (momento é a massa vezes a velocidade) de uma partícula. Quanto mais precisamente a posição é determinada, menor é a precisão conhecida do impulso, e vice-versa. Esse é o famoso princípio da incerteza de Heisenberg.

A fórmula de Heisenberg para medir incerteza inclui a constante de Planck (*veja p. 110*), um valor extremamente pequeno. Isso significa que incertezas não desempenham nenhum papel quando lidamos com a matéria em escala macroscópica, como a posição e o momento de um automóvel. Mas as incertezas se tornam significativas no mundo quântico de partículas atômicas e subatômicas, onde as massas são extremamente pequenas. Pode-se determinar, por exemplo, a localização exata de um elétron, mas não o seu momento (ou energia), ao mesmo tempo.

Uma vez, Heisenberg, que ganhou o Prêmio Nobel de Física em 1932, e um de seus alunos estavam tendo uma discussão científica profunda, enquanto esperavam por um trem em uma plataforma. Quando o trem parou, Heisenberg ficou muito interessado em seu novo motor brilhante, mas o estudante continuou a discussão. "Você não está nem um pouco interessado neste novo tipo de locomotiva?" Heisenberg perguntou ao estudante. "Não, eu só me interesso por física teórica", o estudante respondeu. "Qualquer pessoa que deseja se tornar um físico teórico bem-sucedido deve se interessar também por locomotivas", disse Heisenberg, seco. O grande físico – que introduziu a incerteza em nossas vidas (pois seu princípio também mudou a perspectiva filosófica moderna) – tinha certeza pelo menos sobre alguma coisa.

1928

*Inglaterra:
Antipartículas*

Conduzindo a Enterprise, a nave espacial do Capitão Kirk

Paul Dirac (1902 –1984)

Todas as partículas fundamentais têm uma gêmea com a mesma massa, mas com carga oposta.

Em 1928, o elétron e o próton eram as únicas partículas fundamentais conhecidas. Os físicos muitas vezes se perguntavam por que os elétrons eram sempre carregados negativamente e prótons, positivamente, embora as leis da física fossem bastante simétricas em relação à carga. Em sua teoria quântica do elétron, Dirac introduziu um "novo tipo de partícula, desconhecido para a física experimental, com a mesma massa, mas carga oposta a um elétron". Ele chamou essa partícula antielétron (agora conhecida como pósitron, abreviação de elétron positivo). A simetria entre cargas positivas e negativas em sua teoria também exigiu um antipróton.

No começo, os cientistas eram céticos sobre a ideia de pósitrons e antiprótons, mas a descoberta de pósitrons em raios cósmicos, em 1932, preparou o terreno para o mundo exótico da antimatéria. Eles agora acreditam que todas as partículas fundamentais têm uma gêmea na antimatéria. Quando uma partícula colide com sua gêmea da antimatéria, elas se aniquilam, produzindo uma quantidade incrível de energia. Essa energia impulsiona a nave estelar ficcional da série Jornada nas Estrelas, a Enterprise.

Dirac – a "alma mais pura da física", como descrito por outro físico talentoso, Niels Bohr – era extremamente taciturno. Um amigo de Dirac encontrou-o, certa vez, lendo *Passagem para a Índia* (1924), de E. M. Forster. Ele conhecia o famoso autor e marcou um encontro entre os dois gênios reservados. Depois das apresentações e do chá, houve um longo silêncio, e, em seguida, Dirac perguntou: "O que aconteceu na caverna?" Forster respondeu: "Eu não sei". Outro longo silêncio se seguiu, antes de eles partirem.

O primeiro medicamento milagroso

Alexander Fleming (1881 – 1955)

1928

Inglaterra: Penicilina

A penicilina foi o primeiro antibiótico a ser descoberto.

A penicilina foi descoberta acidentalmente quando Fleming, um bacteriologista escocês, deixou uma placa de vidro com bactérias *Staphylococcus*, crescendo em uma solução de gelatina, descoberta por vários dias. Ele encontrou a placa contaminada com um bolor verde-azulado. Estava prestes a descartar a solução, quando notou que as bactérias estavam mortas em áreas ao redor do bolor (bolores são organismos muito pequenos, e esse bolor, parecido com um pincel, era uma espécie rara chamada *Penicillium notatum*, do latim *penicillius*, que significa pincel). Depois de mais alguns experimentos, ele confirmou que o bolor produzia uma substância que conseguia matar as bactérias, mas era inofensiva a outros seres vivos. Ele deu à substância o nome de "penicilina".

No entanto, Fleming não conseguiu isolar a penicilina no bolor. Em 1940, o patologista australiano Howard Florey e o biólogo germano-britânico Ernst Chain produziram a primeira penicilina pura, na Universidade de Oxford, na Inglaterra. Ela foi testada pela primeira vez em seis pacientes, em 1941. Todos responderam bem ao tratamento. Fleming, Florey e Chain foram agraciados com o Prêmio Nobel de Fisiologia ou Medicina, em 1945.

Durante a Segunda Guerra Mundial, a penicilina foi aclamada como a "bala mágica" da medicina na guerra contra as infecções bacterianas. Mesmo agora, a penicilina e outros antibióticos (do grego *anti*, "contra", e *bios*, "vida", o termo foi usado pela primeira vez em 1957) salvam milhões de vidas a cada ano. A penicilina, um dos maiores avanços médicos na história, ainda é o antibiótico mais poderoso que existe. Mas antibióticos estão agora causando alguma preocupação, pois seu uso excessivo pode levar à evolução de bactérias resistentes a eles.

1929

Alemanha:
Ondas cerebrais

Relaxe para gerar ondas alfa

Hans Berger (1873 – 1941)

Berger foi a primeira pessoa a registrar atividade elétrica no cérebro.

Berger era um psiquiatra da Universidade de Jena, quando percebeu que a melhor maneira de estudar o cérebro humano não era nem por dissecção nem por psicanálise, os dois métodos conhecidos na época, mas sim gravando sua atividade elétrica. Usando uma fita de galvanômetro, idealizado por Einthoven (*veja p. 115*), ele começou a fazer experiências em seus pacientes. Seus primeiros experimentos foram em pacientes que tinham perdido alguns de seus ossos do crânio em cirurgias. Ele fez suas primeiras gravações em 1924, quando colocou eletrodos sob o couro cabeludo de um desses pacientes. Mais tarde, ele conseguiu fazer gravações de pessoas saudáveis, incluindo seu filho adolescente.

Um homem tímido e distante, ele trabalhou em absoluto segredo durante cinco anos, antes de publicar seus resultados.

Ele relatou que o cérebro gera impulsos elétricos rítmicos, ou "ondas cerebrais". Ele identificou dois tipos de ondas: ondas alfa (frequência de 8-13 hertz ou ciclos por segundo) e ondas beta (de 14 a 30 hertz). As ondas mudam drasticamente, se o sujeito simplesmente passa de sentado calmamente com os olhos fechados (alfa) para totalmente alerta (beta). Ele deu o nome às suas gravações de eletroencefalogramas (grego para "a escrita do cérebro"). EEG é agora a técnica mais utilizada em neurologia.

Inicialmente, a descoberta de Berger foi completamente ignorada na Alemanha. Quando ele foi apresentado como o mais ilustre de todos os visitantes em um simpósio internacional em Paris, as lágrimas brotaram em seus olhos, enquanto ele disse: "Na Alemanha, eu não sou tão famoso". Ele morreu solitário e deprimido.

Restabelecendo a elegância cósmica

Edwin Hubble (1889 – 1953)

1929

*Estados Unidos:
O universo em expansão*

O universo não é estático. Ele está se expandindo e inflando como um balão incrivelmente gigante.

Copérnico decretou que a Terra se movia ao redor do Sol, mas seu cosmos – e o de seus seguidores, Galileu, Newton, até Einstein – era estático, e a Via Láctea formava todo o cosmos. No início de 1920, Hubble, um astrônomo do Observatório Mount Wilson, na Califórnia, descobriu outras galáxias e provou que o universo se estende além das fronteiras da nossa galáxia.

Ao invés de se contentar com esse louro olímpico, Hubble ("um deus grego, alto, forte e bonito, com ombros de Hermes de Praxíteles, e uma serenidade graciosa", nas palavras de sua esposa Grace, que o idolatrava) passou a mostrar que essas galáxias estão se afastando de nós e uma da outra, a uma velocidade cada vez maior. Quanto mais distante a galáxia, mais rápido ele se afasta de nós. "A descoberta de que o universo está se expandindo foi uma das grandes revoluções intelectuais do século XX", observou Stephen Hawking, em *Uma breve história do tempo*.

A notícia dessa revolução deixou Einstein em êxtase. Embora sua teoria da relatividade geral não sustentasse a noção de um universo estático, ele aceitou a ideia. Camuflou suas equações, com a introdução de um termo que chamou de constante cosmológica, uma espécie de "antigravidade" para equilibrar a gravidade. Em 1931, envergonhado, o físico visitou o Observatório Mount Wilson e agradeceu pessoalmente a Hubble, agora um verdadeiro deus da astronomia. Um ano mais tarde, Einstein removeu a constante cosmológica – o maior fiasco de sua carreira – de suas equações de relatividade geral e restaurou a elegância cósmica delas.

1930

Áustria:
O neutrino

Os pequenos neutros
Wolfgang Pauli (1900 – 1958)

Neutrinos são partículas elementares sem carga e quase sem massa.

Os neutrinos viajam na velocidade da luz ou próximo dela. Eles estão em toda parte – trilhões deles passam por nossos corpos a cada segundo –, mas, mesmo assim, não conseguimos ver ou senti-los. Eles raramente interagem com a matéria e são os mais esquivos de todas as partículas elementares que conhecemos.

A ideia do neutrino foi proposta por Pauli, para explicar a energia perdida no decaimento radioativo beta de um núcleo atômico, em que um nêutron se transforma em um próton e emite um elétron. Como a reação parecia violar a lei sagrada da conservação de energia, Pauli sugeriu que uma partícula de carga zero e massa zero (agora acredita-se que tenha alguma massa) é liberada em tais reações. Ela leva a energia consigo e desaparece sem deixar rastro. Pauli achou que tinha cometido um erro terrível, mas em 1933 o físico ítalo-americano Enrico Fermi provou que sua teoria estava correta (*veja p. 149*). Fermi também batizou a partícula de *il neutrino* ("o pequeno neutro"). Os neutrinos foram detectados pela primeira vez em experiências, em 1959.

O comportamento estranho dos neutrinos inspirou o romancista e poeta americano John Updike a escrever *Cosmic Gall* [Insolência cósmica], de 1959. Um trecho:

Neutrinos são muito pequenos.
Eles não têm carga nem massa
e não interagem com
coisa alguma.
A Terra, para eles, é apenas
uma bola boba,
pela qual eles passam,
como espanadores em um
corredor de vento,
ou fótons em uma folha
de vidro.

Existem coisas verdadeiras que não podem ser provadas?

Kurt Gödel (1906 – 1978)

1931

*Áustria:
Teorema da
incompletude*

Todos os sistemas lógicos, de qualquer complexidade, são incompletos.

Cada ramo da matemática tem seus próprios pressupostos básicos, conhecidos como axiomas. Matemáticos gostam de deduzir a partir de axiomas. Gödel, um matemático austríaco-americano, sugeriu que em todo sistema lógico haveria algumas afirmações que eram verdade, mas não podiam ser provadas de acordo com o seu conjunto de axiomas. Em outras palavras, qualquer desses sistemas teria mais afirmações verdadeiras do que é possível ele provar.

Uma implicação do teorema de Gödel é que um computador jamais poderá ser tão inteligente quanto o cérebro humano. Um computador só pode funcionar por um determinado conjunto de regras. Ele nunca conseguirá decidir se uma afirmação é verdadeira, se ela não pode ser provada pelo seu conjunto de regras. O cérebro humano, por outro lado, pode reconhecer que a afirmação é verdadeira, mesmo que isso não possa ser provado logicamente.

Gödel era um excêntrico, e há muitas anedotas sobre ele. Einstein e o economista Oskar Morgenstern, os amigos mais próximos de Gödel nos Estados Unidos, o acompanharam à entrevista para seu pedido de cidadania. O oficial ficou entusiasmado pela oportunidade de conversar com Einstein e discutiu longamente a Alemanha nazista. A certa altura, ele se virou para Gödel e disse: "Mas é claro que, a partir de sua leitura da Constituição, o senhor sabe que nada disso poderia acontecer aqui". Gödel, o brilhante lógico abstrato, que poderia encontrar falhas lógicas em qualquer documento, respondeu: "Na verdade..." Morgenstern chutou-o por baixo da mesa, para impedi-lo de maldizer a Constituição. Gödel obteve sua cidadania.

1933

Hungria: A prova mais elegante do teorema de Chebyshev

Transformando café em teoremas

Paul Erdös (1913 – 1996)

O teorema de Chebyshev afirma que para todo número maior do que 1 há sempre um número primo (um número divisível por si ou por 1) entre ele e seu dobro.

O matemático russo Pafnuty Chebyshev provou em 1850 o teorema que hoje leva seu nome. Erdös, quando tinha apenas 20 anos, forneceu uma prova muito mais elegante para o famoso resultado. Essa conquista marcou o início de uma carreira extraordinária em matemática. Erdös é considerado o matemático mais prolífico na história. Publicou mais de 1.500 artigos (um grande matemático publica em torno de 50 artigos em uma vida inteira) e colaborou com cerca de 460 matemáticos, todos eles tendo o que os matemáticos chamam carinhosamente Erdös número 1. Um matemático ganhava essa alcunha quando ele ou ela publicava um artigo com ele. Cerca de 4.500 matemáticos têm Erdös número 2: eles publicaram com alguém que publicou com Erdös, e assim por diante.

Erdös era um verdadeiro excêntrico, e a matemática era a sua vida. Ele nunca possuiu nada ("propriedade é aborrecimento", ele costumava dizer), exceto duas malas, cada uma cheia até a metade. Por 50 anos, ele vagou o mundo hospedando-se com matemáticos. Em troca por sua generosidade, ele os presenteava com problemas e insights matemáticos raros. Ele ganhou muitos prêmios, mas deu o dinheiro dos prêmios como recompensa, para resolução de problemas.

Para ele, um matemático era uma máquina para transformar café em teoremas. E havia três etapas na degradação mental de um matemático. Primeiro, você esquece seus teoremas. Em seguida, você se esqueça de fechar o zíper. Por último, você se esquece de abrir o zíper.

"E esta é a teoria de Fermi sobre o decaimento beta"

Enrico Fermi (1901 – 1954)

1933

*Itália:
Decaimento beta*

O decaimento beta é uma reação nuclear em que um nêutron é convertido em um próton, um elétron e um neutrino.

O decaimento beta é uma forma muito comum de desintegração de núcleos radioativos. O efeito final do decaimento beta é que o número de nêutrons diminui em um, e o número de prótons aumenta em um. Por exemplo, carbono-14 radioativo e instável (oito nêutrons, prótons seis) decai em nitrogênio-14 estável (sete nêutrons, sete prótons). Esse processo é conhecido como transmutação de elementos. Os elétrons em movimento rápido, emitidos em decaimento beta, são chamados de "partículas beta", que podem ser prejudiciais para os seres humanos, especialmente se ingeridos ou inalados.

Quando Fermi apresentou seu artigo sobre decaimento beta para o prestigioso jornal *Nature*, o editor rejeitou-o, porque ele "continha especulações que eram longe demais da realidade". Fermi, um gênio à frente de seu tempo, foi forçado a fugir da Itália de Mussolini (sua esposa Laura era judia) logo após receber o Prêmio Nobel de Física, em 1938. Em 1942, ele produziu a primeira reação nuclear em cadeia provocada pelo homem, na Universidade de Chicago.

Emilio Segrè, que dividiu o Prêmio Nobel de Física, em 1959, lembrou em seu livro *Enrico Fermi, Físico* (1970):

"Depois de Fermi participar de um seminário dado por um dos alunos de Oppenheimer, sobre a teoria dos raios beta de Fermi, ele me encontrou e disse: "Emilio, estou ficando enferrujado e velho, não consigo mais acompanhar a teoria intelectual desenvolvida pelos alunos de Oppenheimer. Fui ao seu seminário e fiquei deprimido por minha incapacidade de compreendê-los. Somente a última frase me animou. Era: "E essa é a teoria de decaimento beta de Fermi".

Veja também PARADOXO DE FERMI, p. 165.

1933

Estados Unidos:
Radioastronomia

Sussurros vindos do espaço

Karl Jansky (1905 – 1950)

A radioastronomia é o estudo das ondas de rádio que chegam do espaço à Terra.

Quando Jansky, de 23 anos, juntou-se à companhia Bell Labs em 1928, como engenheiro de rádio, o recém-inaugurado serviço telefônico de rádio Nova York--Londres estava prejudicado com o crepitar ruidoso intermitente de interferência estática. Os engenheiros da Bell Labs estavam interessados em reduzir os níveis de ruído das conversas telefônicas. O trabalho de Jansky era registrar a intensidade dessa interferência, com um receptor de rádio conectado a uma antena – uma longa série de tubos metálicos – montada sobre quatro rodas de um Modelo T da Ford. Um motor elétrico movia as rodas sobre um pinhão, para apontar a antena para qualquer parte do céu. Durante uma de suas experiências, Jansky ouviu um assobio constante, que era muito diferente do crepitar intermitente da estática. Ele teve a perspicácia de perceber que o som não era de origem terrestre.

Ele logo descobriu que os sinais estavam de fato vindo do centro da Via Láctea.

O jovem engenheiro tinha acidentalmente encontrado uma nova maneira de olhar para o universo; mas os cientistas, incluindo Jansky, deixaram escapar a importância dessa descoberta.

Havia um homem, no entanto, que entendeu as possibilidades da radioastronomia. Ele era um estudante de engenharia de 22 anos de idade, chamado Grote Reber. Inspirado pela descoberta de Jansky, ele imediatamente decidiu construir em seu quintal uma antena visionária em forma de tigela, com nove metros de diâmetro. Usando esse primeiro radiotelescópio verdadeiro, por quase uma década, ele conduziu uma extensa pesquisa sobre o céu e produziu os primeiros mapas de fontes de rádio na galáxia.

Veja também *Pulsares, p. 182.*

Mudando o comportamento sob pressão

Eugene Wigner (1902 –1995) e
Hillard Huntington (m. 1992)

> 1935
>
> *Estados Unidos:*
> *O hidrogênio é*
> *um metal*

O hidrogênio é o mais simples e mais abundante de todos os elementos.

O hidrogênio não tem uma posição óbvia na tabela periódica dos elementos. Há boas razões químicas para colocá-lo com os metais alcalinos, tais como lítio e sódio. Assim como eles, o hidrogênio tem apenas um elétron na camada exterior, e perde esse elétron quando entra em combinação química com outros elementos. Mas o hidrogênio é um gás, e não um metal. Por outro lado, muitas de suas propriedades se assemelham às dos halogêneos, como flúor e cloro. Como esses elementos, ele também pode ganhar um elétron, quando forma compostos.

Por que o comportamento do hidrogênio é tão incomum? As propriedades químicas de um elemento são mostradas quando ele se combina com outros elementos. Nesse momento, o elemento perde ou ganha elétrons. Quando o hidrogênio perde seu único elétron, tudo o que resta é um próton – o núcleo do hidrogênio não tem nêutron. No caso de outros elementos, o átomo ainda tem alguns elétrons que rodeiam o núcleo. Por isso, a química do hidrogênio é a única do seu tipo.

Em 1935, Wigner e Huntington, físicos da Universidade de Princeton, aprofundaram a compreensão do hidrogênio quando propuseram que, sob enorme pressão, as moléculas de hidrogênio, que contêm dois átomos cada uma, se quebrariam e recombinariam como uma treliça de átomos individuais, que poderiam conduzir eletricidade. Os cientistas conseguiram produzir hidrogênio metálico em laboratório, mas apenas por alguns microssegundos. Os usos potenciais do hidrogênio metálico são fascinantes de se imaginar, mas eles estão longe da realidade. Também foi sugerido que o hidrogênio metálico poderia ser um supercondutor à temperatura ambiente.

1937

Estados Unidos:
Lentes gravitacionais

Miragem cósmica

Fritz Zwicky (1898 – 1974)

Um efeito causado pela gravidade de uma galáxia maciça ou um aglomerado de galáxias, convergindo a luz que passa.

A teoria da relatividade geral de Einstein diz que a gravidade pode curvar a luz. Por exemplo, quando a luz de uma estrela passa pelo Sol, ela é curvada em direção à Terra pela gravidade do Sol. Esse fenômeno foi confirmado, quando os cientistas viram a luz de estrelas localizadas atrás do Sol, durante o eclipse solar total de 1919.

Em 1937, Zwicky, um astrônomo observacional talentoso do Instituto de Tecnologia da Califórnia, propôs os efeitos das lentes gravitacionais das galáxias: que a luz vinda de uma galáxia distante poderia ser desviada por galáxias à frente dela. No entanto, Einstein concluiu que "não há grande chance de observarmos esse fenômeno". Esse comentário do notável senhor destruiu a ideia das lentes gravitacionais. Ela ressurgiu em 1979, quando os astrônomos descobriram um quasar duplo (quasares são os centros muito brilhantes de algumas galáxias distantes). Os dois quasares estavam tão próximos, que os astrônomos suspeitaram que uma lente gravitacional poderia estar produzindo imagens gêmeas de um único quasar. Observações posteriores mostraram que um aglomerado de galáxias estava bloqueando a visão direta do quasar.

Zwicky era uma figura fascinante, e há muitas histórias sobre ele, a maioria exagerada. Seu insulto predileto era "bastardos esféricos" (bastardos, de qualquer maneira que você olhe para eles). Certa vez, ele estava discutindo o começo do universo com um padre. Quando o padre disse que o universo começou quando Deus falou: "Faça-se a luz!", Zwicky respondeu que aceitaria a afirmação, se pudesse ser alterada para: "Faça-se o eletromagnetismo!"

A razão da tristeza dos mosquitos

Paul Hermann Müller (1899 – 1965)

1939

Suíça: DDT, um pesticida potente

O DDT é eficaz no controle de pragas de insetos que causam doenças como tifo e malária e destroem a vegetação.

Pesticidas à base de arsênico foram amplamente utilizados no início do século XX, mas eles eram altamente tóxicos para os seres humanos e outros mamíferos. Müller, um químico, estava trabalhando no desenvolvimento de uma alternativa a esses pesticidas, quando descobriu que o DDT – sintetizado por um químico alemão, Othmar Zeidler, em 1874 – era um pesticida altamente eficaz.

No início da década de 1940, o governo dos Estados Unidos realizou estudos para determinar os efeitos de DDT na saúde dos seres humanos e concluiu que era relativamente inofensivo. Logo, DDT tornou-se o pesticida mais popular em todo o mundo, e Müller recebeu o Prêmio Nobel de Fisiologia ou Medicina, em 1948.

A popularidade do DDT, abreviação do composto orgânico chamado diclorodifeniltricloroetano, levou um espirituoso desconhecido a escrever o seguinte poema.

Um mosquito foi ouvido reclamando: "Um químico envenenou minha cabeça." A razão de sua tristeza foi diclorodifeniltricloroetano.

No entanto, o uso excessivo de DDT para fins comerciais e agrícolas logo resultou na contaminação do solo e da água. Por sua vez, o pesticida começou a passar pela cadeia alimentar, e níveis tóxicos foram detectados em seres humanos e animais. O governo dos Estados Unidos proibiu o seu uso no final dos anos 1960, e outros governos o seguiram. Moral da história: muito de uma coisa boa pode se tornar a causa de nossa própria tristeza.

Veja também PRIMAVERA SILENCIOSA, *p. 176.*

1939

Estados Unidos:
Produção de energia
nas estrelas

Como o Sol brilha

Hans Bethe (1906 – 2005)

A fusão nuclear no Sol é a fonte de sua energia e da nossa.

Estrelas como o Sol são simples bolas de gases ardentes. O Sol é composto por 70% de hidrogênio, 28% de hélio e um punhado de outros elementos. Sua temperatura de superfície é de 6.000 graus °C, mas o seu interior queima a 15 milhões de graus °C. A essa temperatura, os núcleos atômicos são subtraídos de seus elétrons, movendo-se livremente entre os próprios elétrons. Ocasionalmente, dois núcleos de hidrogênio (dois prótons) combinam-se para formar um núcleo de deutério (um próton, um nêutron), produzindo energia no processo. Quando outro próton colide com um núcleo de deutério, eles se combinam para formar um hélio-3 (dois prótons, um nêutron). Finalmente, dois núcleos de hélio-3 se combinam para formar um hélio-4 estável (dois prótons, dois nêutrons).

Esses tipos de reação, em que núcleos leves se combinam para formar um núcleo mais pesado, são chamadas "fusões nucleares (uma fissão nuclear, por outro lado, é a quebra de um núcleo pesado em dois ou mais núcleos mais leves). Em seu artigo clássico, "Produção de energia nas estrelas", Bethe explicou como as estrelas obtêm sua energia. Ele foi agraciado com o Prêmio Nobel de Física, em 1967, por seu trabalho.

Bethe começou a trabalhar na Universidade de Cornell em 1935, depois de fugir da Alemanha nazista. Ele viveu e lecionou em Cornell por quase 70 anos. Ia todos os dias almoçar no refeitório estudantil, recorda Freeman Dyson, que era aluno de Bethe. "Todo mundo o chamava de Hans. Ele nos disse que uma das melhores coisas sobre mudar da Alemanha para a América era que ninguém aqui o chamava de *Herr Professor*."

Elemento 118 e ainda não acabou

Edwin McMillan (1907 – 1991) e
Philip Abelson (1913 – 2004)

1940

Estados Unidos: Elementos transurânicos

Elementos mais pesados que o urânio são chamados de elementos transurânicos.

O urânio (elemento 92, que tem 92 prótons), é o elemento mais pesado conhecido a existir naturalmente em quantidades detectáveis na Terra. Todos os elementos que aparecem depois do urânio na tabela periódica são produzidos artificialmente, de curta duração e radioativos.

O primeiro elemento artificial foi criado por McMillan e Abelson no Laboratório Lawrence Berkeley, na Califórnia. Eles bombardearam o urânio com nêutrons extremamente rápidos, os núcleos do urânio absorveram os nêutrons e se transformaram em neptúnio (elemento 93), um elemento de curta duração e radioativo. Os cientistas criaram, até agora, a maioria dos outros elementos entre o neptúnio e o elemento 118.

Quatro laboratórios estão na vanguarda da criação de elementos: Lawrence Berkeley, o Laboratório Nacional Lawrence Livermore, na Califórnia, GSI em Darmstadt, na Alemanha, e o Joint Institute de Pesquisa Nuclear em Dubna, perto de Moscou. Todos eles usam aceleradores de partículas cíclotron ou síncrotron caros, que permitem que as partículas sejam aceleradas a velocidades próximas da velocidade da luz. Durante a Guerra Fria, um grupo de legisladores dos Estados Unidos visitou o laboratório em Dubna. Um físico soviético perguntou a um dos visitantes como eles conseguiam o dinheiro para seus aceleradores. O visitante explicou o longo processo legislativo de conseguir dinheiro. "Essa não é a maneira, eu acho", disse o físico. "Acho que vocês conseguem a quantia dizendo: os russos têm um síncrotron de 10 bilhões de elétron-volts, então nós precisamos de um síncrotron de 20 bilhões de elétron-volts, e é assim que vocês recebem o dinheiro." O legislador americano perguntou: "E como é que vocês obtêm o dinheiro?" Ele respondeu: "Da mesma forma".

1944

Alemanha: Um fiasco do Nobel

A mulher esquecida da Física

Lise Meitner (1878 – 1968)

Meitner foi a codescobridora da fissão nuclear, mas foi negada a ela a participação no Prêmio Nobel de 1944.

Em 1938, o químico alemão Otto Hahn fez uma descoberta surpreendente: núcleos de urânio bombardeados com nêutrons lentos geravam bário. Ele escreveu para Meitner – uma colega de longa data, que tinha fugido da Alemanha nazista para escapar da perseguição aos judeus e estava vivendo no exílio na Suécia – para ajudá-lo a encontrar uma explicação para sua descoberta. Dentro de algumas semanas, ela encontrou a interpretação teórica do efeito que hoje conhecemos como fissão nuclear. Hahn publicou a evidência química para a fissão nuclear, sem citar Meitner como coautora. Em 1944, ele foi agraciado com o Prêmio Nobel de Química por seu trabalho.

Meitner não obteve uma participação no Prêmio Nobel. Ela estava acostumada a essas decepções. Era uma judia austríaca na Alemanha de Hitler, uma mulher no mundo masculino da física, solteira, quando a sociedade desaprovava as mulheres de carreira. Na sua época, Meitner era a melhor física experimental da Alemanha. Einstein, que trabalhou muito brevemente com Meitner, carinhosamente se referia a ela como "a nossa Marie Curie".

Hahn sempre sustentou que a descoberta da fissão nuclear era apenas o resultado de experiências químicas feitas por ele e seu assistente Fritz Strassmann, após Meitner ter deixado a Alemanha. Mas novas evidências mostram os detalhes de sua correspondência com Meitner e a importância da liderança intelectual dela na descoberta da fissão nuclear. Embora lhe tenha sido negada a participação no Prêmio Nobel, Meitner foi recompensada com uma fama muito mais durável: o elemento 109, meitnério (Mt), honra seu nome.

O livro que ajudou a desvendar o segredo da vida

Erwin Schrödinger (1887 – 1961)

1944

Irlanda:
O que é vida?

O que é vida? é considerado um dos livros mais influentes do século XX.

Em 1944, Schrödinger, o célebre físico austríaco, famoso por seu experimento mental conhecido como o Gato de Schrödinger, publicou um livro: *O que é vida?* Nesse "livrinho" (como autodepreciativamente o chamou), ele especulou que a informação genética da vida tinha de ser compacta o suficiente para ser armazenada em moléculas em "algum tipo de código-script". Essas moléculas, passadas de pai para filho, são "a transportadora de material da vida".

Ele disse que, ao contrário de um cristal, a substância hereditária não se repete. Ele chamou isso de cristal aperiódico. "Nós acreditamos que um gene – ou, talvez, toda a fibra cromossômica – seja um sólido aperiódico", disse ele. "O cristal aperiódico, na minha opinião, é o portador de material da vida. A natureza aperiódica da molécula hereditária permitiria que ela codificasse uma grande quantidade de informação genética, com um pequeno número de átomos", ele sugeriu. Schrödinger, que foi agraciado com o Prêmio Nobel de Física, em 1933, escreveu *O que é vida?* durante seus 16 anos no Instituto de Estudos Avançados em Dublin, na Irlanda.

O livro de Schrödinger – que é agora domínio público e disponível na internet – inspirou muitos jovens cientistas a estudar biologia molecular. Francis Crick e James Watson reconheceram ambos como o livro os inspirou. "Esse livro muito elegantemente propôs a crença de que genes eram os principais componentes das células vivas e que, para entender o que é a vida, devemos saber como os genes agem", escreveu Watson em seu livro de memórias *A dupla hélice* (1968).

1945

*Estados Unidos:
Computação
de programa
armazenado*

Processando uma informação após a outra

John von Neumann (1903 – 1957)

Todos os computadores de programa armazenado têm uma memória (disco rígido) para armazenar programas e dados, e uma unidade calculadora e de controle (processador central) para executar instruções.

Como todos os computadores primitivos, o primeiro computador digital do mundo, o ENIAC, era capaz de fazer apenas uma tarefa de cada vez (diz a lenda que 18 mil tubos de vácuo do ENIAC consumiam tanta eletricidade, que sempre ele era ligado, as luzes da Filadélfia diminuíam). Para uma tarefa diferente, ele tinha de ser reprogramado manualmente, redefinindo interruptores e religando. O húngaro von Neumann, um matemático brilhante, foi um consultor para o ENIAC (concluído em 1946) e para seu sucessor EDVAC (concluído em 1952). Em 1945, ele publicou um relatório sobre o EDVAC, no qual ele delineou um novo conceito para o computador que lhe permitiria realizar diferentes tarefas sem qualquer alteração de hardware. O conceito veio a ser conhecido como computação de programa armazenado ou arquitetura de von Neumann.

Von Neumann foi uma lenda em seu próprio tempo. Ele era famoso por sua extraordinária memória fotográfica. Ele disse uma vez que sabia todos os números da lista telefônica de Manhattan – a única coisa de que ele precisava, para ser capaz de dispensar o livro por completo, era saber os nomes aos quais os números correspondiam. Ele explicou um acidente de carro desta forma: "Eu estava descendo a estrada. As árvores à direita estavam passando por mim, de maneira ordenada, a 95 quilômetros por hora. De repente, uma delas parou no meu caminho. Bum!"

A maioria dos computadores atualmente usam a arquitetura de von Neumann, que deixa instruções passarem de forma ordenada, sem parar.

A revolução do radiocarbono

Willard Libby (1908 – 1980)

1946

Estados Unidos:
Datação por radiocarbono

A datação por radiocarbono é uma técnica para medir a idade de materiais orgânicos.

O dióxido de carbono atmosférico contém três tipos de carbono: cerca de 99 por cento de carbono-12 ordinário, cerca de 1 por cento de carbono-13 e cerca de um átomo em um trilhão de carbono-14 radioativo. Todos os animais e as plantas absorvem o dióxido de carbono e, portanto, contêm uma quantidade fixa de carbono-14 em relação ao carbono-12. Mas, quando eles morrem, essa relação começa a mudar, pois o carbono-14 no tecido decai em carbono-12. A taxa de decaimento é constante; então, encontrando-se a proporção de carbono-14 em restos orgânicos, pode-se determinar há quanto tempo eles morreram.

Willard Libby, um químico da Universidade de Chicago, descobriu a técnica para medir o carbono-14 em materiais orgânicos, pela qual ganhou o Prêmio Nobel de Química, em 1960. A datação por radiocarbono "pode de fato ajudar a reverter as páginas da história e revelar à humanidade algo mais sobre seus ancestrais e, por consequência, talvez, sobre o seu futuro", ele observou em seu discurso do Nobel.

A datação por radiocarbono revolucionou a arqueologia. Por exemplo, em 1947, um jovem pastor beduíno, em busca de uma cabra perdida, entrou em uma caverna há muito não frequentada e encontrou frascos cheios com milhares de pergaminhos antigos. Evidências históricas sugeriam que os manuscritos, agora conhecidos como "Manuscritos do Mar Morto", tinham sido escritos durante os tempos bíblicos e início da era judaica. Mas muitos estudiosos questionaram se eles eram genuínos. A datação por radiocarbono de uma pequena amostra de um dos pergaminhos indicou uma data de 100 a.C., provando que eles eram realmente antigos.

Veja também O SANTO SUDÁRIO, *p. 202.*

1947

Reino Unido:
Holografia

A imagem inteira
Dennis Gabor (1900 – 1979)

A holografia é um método de gravação da imagem de um objeto por um feixe de laser sobre uma película fotográfica. A imagem – conhecida como holograma – parece tridimensional a olho nu.

Um filme fotográfico, assim como nossos olhos, registra apenas a intensidade de uma onda de luz. Ele não grava as diferentes fases da onda, que oscila em um ciclo de 360 graus da crista ao vale. Um holograma é feito por dois feixes de luz. Um feixe vai direto da fonte ao filme; o outro atinge primeiro o objeto, que dispersa a luz, mudando sua fase. Ambos os feixes deixam simultaneamente uma imagem no filme. Porque esses feixes de luz carregam informação de cada fase, a imagem combinada tem a informação inteira sobre o objeto.

O húngaro Gabor disse que a ideia para a holografia "saiu do meu inconsciente", enquanto esperava a sua vez, em uma quadra de tênis. Ele cunhou o termo "holográfico" do grego *holographos* (holos, "inteiro" e graphos, "escrita"), porque a holografia registra toda a mensagem de uma onda de luz. Os hologramas de Gabor eram feitos usando duas lâmpadas de vapor de mercúrio como fonte de luz. Como a luz dessas lâmpadas não era coerente (de cor ou comprimento de onda únicas), seus hologramas continham distorções. A invenção do laser, em 1960, renovou a holografia.

Gabor, que ganhou o Prêmio Nobel de Física em 1971, comentou certa vez: "Você não pode prever o futuro, mas pode inventá-lo". A holografia ajudou a inventar o futuro de muitas maneiras; por exemplo, a holografia de raios X é agora utilizada para gravar imagens tridimensionais de partes internas do corpo.

Tudo se resolve
Barbara McClintock (1902 –1992)

Genes saltadores são filamentos de DNA capazes de se mover entre os cromossomos.

1948

Estados Unidos:
Genes saltadores

Não houve uma chamada de manhã de Estocolmo: Barbara McClintock não tem telefone. Ao invés disso, a geneticista de 81 anos de idade soube da notícia pelo rádio. "Oh, minha nossa", dizem que ela murmurou. E, tendo pronunciado essa frase, a pequena cientista vestiu seu traje habitual – um macacão largo, uma camisa de corte masculino e sapatos oxford resistentes – e saiu para sua caminhada matinal pelo bosque...

Com essas palavras, a revista *Time* (de 24 de outubro de 1983) registrou a reação da dócil geneticista ao receber a notícia de seu Prêmio Nobel de Fisiologia ou Medicina em 1983, tornando-se, assim, a primeira mulher a receber o primeiro Nobel de Medicina não compartilhado.

Depois de passar anos cuidadosamente reproduzindo e fazendo cruzamentos em milhos, McClintock notou que as alterações de cor nas gerações sucessivas não seguiam padrões hereditários previsíveis. Ela logo descobriu que essas mudanças eram devidas a sequências de DNA que tinham a capacidade de se cortar e colar em diferentes cromossomos. Os geneticistas ignoraram a descoberta por mais de duas décadas, uma vez que, na época, sabiam muito pouco sobre o DNA. "Eles achavam que eu era louca, absolutamente maluca", lembrou ela, mais tarde. Mas isso não a preocupou: "Quando você sabe que está certa, não se importa com que os outros pensam. Você sabe que, mais cedo ou mais tarde, tudo se resolve".

Finalmente, a importância dos genes saltadores (formalmente chamados "transpóson") na pesquisa genética fez exatamente isso. Os pesquisadores, entre outras coisas, estão usando genes saltadores para criar insetos transgênicos, o que pode ajudar a acabar com algumas doenças infecciosas e beneficiar a agricultura.

1948

Estados Unidos:
Cibernética

Quando o feedback do estômago falhou

Norbert Wiener (1894 – 1964)

A cibernética é a ciência do controle e da comunicação tanto nas máquinas quanto nos seres vivos.

"De vez em quando, publica-se um livro científico que faz com que sinos dobrem bravios em várias áreas das ciências", um crítico escreveu na época da publicação do livro revolucionário de Wiener, *Cibernética* (1948). O livro introduziu o que era ao mesmo tempo uma nova palavra (do grego *kubernētēs*, que significa "piloto"), e um campo totalmente novo de ciência. Wiener queria encontrar "os elementos comuns no funcionamento das máquinas automáticas e do sistema nervoso humano", para nos preparar para a nova "era automatizada" ("viver de forma eficaz é viver com a informação adequada").

O livro de Wiener também introduziu os termos "input", "output" e "feedback", que agora fazem parte de nosso vocabulário cotidiano. Feedback – controlar o desempenho de um sistema, utilizando o output para modificar o input – é um conceito fundamental na cibernética. O conhecido termostato funciona de acordo com esse princípio. Wiener disse que, copiando o mecanismo de controle do cérebro humano, podemos construir máquinas melhores. Seu livro levou ao início da pesquisa sobre a inteligência artificial, na década de 1950.

Wiener – descrito como uma figura barroca, baixo, redondo, míope, barbudo e gentil – passou a maior parte de sua vida profissional no Instituto de Tecnologia de Massachusetts (MIT). Um dia, ele estava andando pelo campus, quando um aluno o deteve com uma pergunta. Depois de Wiener explicar a resposta, o estudante agradeceu e começou a ir embora. "Só um momento", disse Wiener. "Para que lado eu estava indo, quando nos encontramos?" O aluno apontou para a direção da qual Wiener estava vindo. "Bom", disse Wiener. "Então, eu já almocei."

A importância dos professores

Alexander Todd (1907 – 1997)

1949

Reino Unido:
A estrutura dos nucleotídeos

Os nucleotídeos são os pilares do DNA e do RNA.

Os nucleotídeos são constituídos por um átomo de açúcar com cinco carbonos em forma de anel (ribose ou desoxirribose), ácido fosfórico e uma base contendo nitrogênio: adenina (A), citosina (C), guanina (G), timina (T) ou uracilo (U). Quatro tipos de nucleotídeos estão presentes no DNA e RNA, diferindo apenas na base nitrogenada: A, C, G e T, no DNA; A, C, G e U, no RNA.

Todd, que foi agraciado com o Prêmio Nobel de Química, em 1957, por esse trabalho, era um fumante compulsivo. Em suas memórias, *Um tempo para relembrar: a autobiografia de um químico* (1983), ele relata uma ocasião, voltando aos anos de escassez do tempo de guerra, quando ele se viu sem nenhum cigarro, enquanto estava em uma fábrica militar de produtos químicos. Ele correu ao bar dos oficiais e pediu ao barman, timidamente:

"Gostaria de alguns cigarros."
"Qual é o seu posto?", foi a réplica um pouco inesperada que recebi.
"Sinto, mas não tenho um", respondi.
"Bobagem. Todos que vêm aqui têm um posto."
"Me desculpe, mas eu simplesmente não tenho."

"Agora, você me coloca em uma posição difícil", disse o barman, "pois as ordens sobre cigarros nesse campo são claras: vinte para oficiais e dez para outras patentes. Diga-me o que exatamente você é?"

Eu realmente queria os cigarros, então me aprumei e disse: "Eu sou o professor de Química da Universidade de Manchester". O barman me observou por cerca de trinta segundos e em seguida disse: "Vou lhe dar cinco".

Desde aquele dia, tive poucas ilusões sobre a importância dos professores!

1949

Estados Unidos:
Lei de Murphy

Será que levo o guarda-chuva, querida?

Edward A. Murphy Jr (1918 – 1990)

As leis de Murphy têm muitas variações, mas a afirmação padrão é: "Se alguma coisa pode dar errado, dará".

Pequenos aborrecimentos da vida – como ser incapaz de encontrar os dois pés de um par de meias, ou levar um guarda-chuva que acaba sendo desnecessário ou não levar um, quando era necessário – fizeram com que James Payne, satirista vitoriano, lamentasse em 1884:

> Nunca tive um pedaço de pão,
> fosse largo ou bem estreito,
> que não caísse no imundo chão
> sempre do lado da manteiga.

Esses pequenos aborrecimentos adquiriram um nome "científico", lei de Murphy, quando o capitão Murphy, da Força Aérea dos Estados Unidos, encontrou um indicador que tinha sido ligado de forma errada. Ele xingou o técnico responsável e murmurou algo como: "Se alguma coisa pode dar errado, dará".

A lei de Murphy ocorre com frequência demais para ser puro acaso. Você não percebeu que sempre que está tentando estacionar seu carro ao longo de uma rua movimentada, todos os espaços vazios estão do outro lado; ou que a fila de supermercado na qual você está se move mais lentamente do que a lado da sua? Robert A. J. Matthews, um físico britânico, acredita que a lei de Murphy não é apenas um devaneio. Ela pode ser explicada por princípios científicos. Em 1995, ele mostrou, em cinco páginas de equações matemáticas, por que a fatia de torrada geralmente cai com o lado da manteiga para baixo. E, depois de anos de pesquisa, ele ainda se queixa de que as previsões de tempo atuais, altamente precisas, ainda não são boas o suficiente para provar que a lei de Murphy dos guarda-chuvas ("Levar um guarda-chuva quando a previsão é de chuva torna a chuva menos propensa a cair") está errada.

Onde está todo mundo?

Enrico Fermi (1901 – 1954)

1950

Estados Unidos:
Paradoxo de Fermi

Se existe vida extraterrestre inteligente, por que eles não estão aqui?

Em um almoço no verão de 1950, no Laboratório Los Alamos, Fermi (*veja p. 149*) e seus colegas físicos nucleares Emil Konopinski, Edward Teller e Herbert York estavam falando sobre viagem espacial. A discussão provavelmente foi motivada por uma tirinha recente da revista *The New Yorker*, explicando por que as latas de lixo estavam desaparecendo das ruas da cidade. A charge mostrava "homenzinhos verdes" com antenas levando latas de lixo para um disco voador. A discussão desviou para a possibilidade de haver muitas civilizações além da Terra. Fermi surpreendeu a todos ao fazer a pergunta provocativa: Se eles estão lá, por que não estão aqui? Esse é o paradoxo de Fermi. Existem muitas explicações:

* séria (o biólogo evolucionista Ernst Mayr: o caminho da evolução que conduz à vida inteligente é muito mais complexo do que supomos – nós somos, se não a primeira, uma das primeiras formas de vida inteligente a evoluir na galáxia; o astrônomo Carl Sagan: distâncias intimidadoras no espaço interestelar tornam a viagem espacial impossível... se estamos sozinhos no universo, com certeza parece um tremendo desperdício de espaço);

* bizarra (a hipótese do zoológico do astrônomo John A. Ball, que retrata a Terra como um zoológico de uma vida inteligente da galáxia – eles estão nos observando de longe);

* bem-humorada (o escritor científico Arthur C. Clarke: "Tenho certeza de que o universo está cheio de vida inteligente – é apenas muito inteligente demais para vir aqui".); e

* otimista (o astrônomo Frank Drake: "Eles podem aparecer aqui amanhã".)

Os átomos absorventes

Alan Walsh (1916 – 1998)

1952

Austrália:
Espectrofotômetro de
absorção atômica

O espectrofotômetro de absorção atômica utiliza a luz absorvida por átomos para medir elementos vestigiais em uma amostra.

Em uma manhã ensolarada de domingo, Walsh estava trabalhando em sua horta, quando de repente teve uma ideia reveladora. Eufórico, correu para dentro e ligou para seu colega, John Shelton. "Ouça, John!", ele disse, triunfante. "Estamos medindo errado essa maldita coisa! Deveríamos estar medindo a absorção, não a emissão!"

Durante anos Walsh, físico, estava procurando uma resposta para um problema que vinha frustrando os cientistas há quase um século: como elementos vestigiais (pequenas concentrações de elementos presentes em uma amostra) poderiam ser medidos por espectroscopia. Na espectroscopia, uma quantidade mínima da solução da amostra líquida é pulverizada em uma chama que vaporiza a solução, libertando elementos metálicos de seus compostos. Um feixe de luz passa pela chama, e um dispositivo do outro lado mede o espectro. Até então, ele tinha medido a luz emitida pelos átomos. O flash de inspiração da manhã de domingo lhe disse que ele deveria estar medindo a luz que tinha sido absorvida pelos átomos. Na manhã seguinte, Walsh montou um experimento simples utilizando o elemento sódio. Poucas horas depois, ele teve um resultado positivo. Essa experiência transformou o humilde espectroscópio em um dispositivo extraordinariamente sensível, que, é claro, merecia um grande nome.

O espectrofotômetro de absorção atômica é agora equipamento padrão em fábricas, laboratórios e hospitais, onde é usado para medir as concentrações de cerca de 70 diferentes elementos metálicos presentes como vestígio em substâncias tão diversas como o solo, sangue, urina, vinho, petróleo e minerais.

Como não se tornar um pseudocientista

Martin Gardner (1914)

1952

*Estados Unidos:
A luta contra a
pseudociência*

A pseudociência representa ideias e crenças, como a astrologia e a frenologia, que se disfarçam de ciência, mas que têm pouca ou nenhuma relação com o método científico. As teorias da ciência real estão sendo continuamente ampliadas e atualizadas, mas as ideologias da pseudociência são fixas.

Gardner é um autor bem conhecido de vários livros e um lutador incansável contra a pseudociência. Seu livro de 1952, *In the Name of Science* (*Em nome da ciência*), republicado em 1957 como *Modismos e falácias em nome da ciência*, lançou o movimento cético moderno. Nesse livro, ele enumera cinco características dos pseudocientistas.

* Eles se consideram gênios.
* Eles consideram outros cientistas palermas ignorantes.
* Eles acreditam serem injustamente perseguidos e discriminados porque as sociedades científicas reconhecidas se recusam a deixá-los fazer palestras, e os jornais avaliados por colegas ignoram seus trabalhos de pesquisa ou os atribuem a "inimigos" para que sejam avaliados.
* Ao invés de contornar a ciência *mainstream*, eles têm uma forte tendência a se concentrar nos maiores cientistas e nas teorias mais bem estabelecidas. Por exemplo, de acordo com as leis da ciência, uma máquina de movimento perpétuo não pode ser construída. Um pseudocientista constrói uma.
* Eles costumam escrever em jargão complexo, em muitos casos, usando termos e frases que eles mesmos inventaram. Mesmo sobre o assunto do formato da Terra, você pode achar difícil vencer um debate com um pseudocientista que argumenta que a Terra é plana.

Simplificando, um pseudocientista acredita que sua hipótese nunca pode estar errada, mas um verdadeiro cientista sempre acolhe novas ideias, pois essas ideias lhes dão a oportunidade de testar sua hipótese em novas situações.

1953

Reino Unido:
A estrutura da
molécula de DNA

"Encontramos o segredo da vida"

Francis Crick (EUA, 1916 – 2004) e
James Watson (Reino Unido, 1928)

O DNA consiste em uma dupla hélice de duas cadeias enroladas em torno de si mesmas.

Crick e Watson eram dois jovens e desconhecidos cientistas quando solucionaram o enigma da estrutura do DNA, no Laboratório Cavendish, em Cambridge. Uma tarde, Crick entrou no pub Eagle, em Cambridge, e anunciou: "Nós descobrimos o segredo da vida". Naquela manhã, eles tinham descoberto a última peça do quebra-cabeça que revelava a estrutura em dupla hélice do DNA. Em suma, quando as duas cadeias da dupla hélice são desenroladas, elas conseguem produzir duas cópias do original. Essa estrutura peculiar explica como o DNA armazena a informação genética e como ele a passa para a próxima geração, ao fazer uma cópia idêntica de si mesmo.

A molécula do DNA (ácido desoxirribonucleico) é como uma escada torcida. Cada "lado da escada" é constituído por cadeias alternadas de unidades de açúcar e fosfato. Os "degraus" são feitos de pares de quatro compostos químicos chamados bases: adenina (A), timina (T), citosina (C) e guanina (G). As bases sempre se emparelham de um modo específico: A emparelha com T, e C com G. Assim, há apenas quatro combinações possíveis: A-T, C-G, T-A e G-C. O código genético é a sequência de bases ao longo do DNA.

A escada torcida do DNA é um ícone de nossa época. Muitos dos avanços da ciência de hoje anunciados em manchetes da mídia – da clonagem à terapia genética – têm suas origens na descoberta de Crick e Watson, que lhes valeu o Prêmio Nobel de Fisiologia ou Medicina, em 1962.

Veja também *IMPRESSÃO GENÉTICA (OU POR DNA), p. 199.*

Um raio e fez-se vida
Stanley Miller (1930 – 2007)

O experimento para criar biomoléculas por processos físicos destinou-se a provar que o surgimento da vida na Terra não foi um acidente. Era inevitável.

1953

Estados Unidos: Criando vida em um tubo de ensaio

De acordo com a imagem atual do livro didático, a vida se originou em um oceano primitivo, há 3,8 bilhões de anos. Essa sopa primordial continha todos os ingredientes necessários para formar moléculas de transmissão de informação capazes de se autorreplicar, transformar e evoluir. Darwin sugeriu, em 1871, que a vida surgiu em uma "poça morna", onde um caldo prebiótico de químicos orgânicos, ao longo de milhões de anos, pode ter dado origem aos primeiros organismos. Na década de 1930, o cientista russo A. I. Oparin e o cientista britânico J. B. S. Haldane aperfeiçoaram essa ideia de forma independente.

Em 1953, Stanley Miller, um jovem estudante da pós-graduação, que trabalhava no laboratório do químico ganhador do Prêmio Nobel, Harold Urey, na Universidade de Chicago, forneceu o primeiro suporte experimental para a teoria da sopa primordial. Ele submeteu uma mistura de metano, amoníaco, hidrogênio e vapor de água a uma série de cargas elétricas. Ele imaginou que isso seria uma duplicação aproximada das condições na Terra primitiva, quando a sopa primordial foi atingida por raios. Depois de uma semana, as moléculas inorgânicas tinham-se juntado, para formar vários aminoácidos, os pilares das proteínas.

Em 2006, Xiang Zhang e Scot Martin, da Universidade de Harvard, realizaram um experimento em que foram executadas com êxito partes do ciclo de Krebs – um complexo ciclo de reações metabólicas importantes – no sentido inverso. A experiência deixa os cientistas mais perto de criar vida em um tubo de ensaio.

1955

Estados Unidos:
A idade da Terra

O relógio ainda está correndo

Clair Patterson (1922 – 1995)

Patterson forneceu a primeira idade confiável da Terra: cerca de 4,55 bilhões de anos.

Em 1650, James Ussher, arcebispo de Armagh, na Irlanda, calculou que, de acordo com relatos bíblicos, a Terra tinha sido criada em um domingo, 23 de outubro de 4004 a.C. Em 1897, o físico inglês Lord Kelvin fez a primeira estimativa científica da idade da Terra, assumindo que ela era originalmente uma esfera sólida quente. Ao calcular a taxa de resfriamento, ele chegou a uma data de 100 milhões de anos. Geólogos, no entanto, achavam que a Terra era bem mais velha. Quando Patterson, um geoquímico do Instituto de Tecnologia da Califórnia, começou suas medições na década de 1950, os geólogos acreditavam que a Terra tinha alguns bilhões de anos de idade.

Geólogos descobrem a idade das rochas através da leitura do relógio radioativo que corre em cada rocha, enquanto vestígios de átomos radioativos decaem em átomos estáveis não radioativos. A proporção de átomos radioativos e estáveis diz quão rápido o tempo estava passando. A quantidade real dos átomos radioativos diz há quanto tempo aquele relógio está correndo. Meteoritos de pedra contêm vestígios de chumbo radioativo que devia estar presente no meteorito, quando ele foi formado na nuvem primordial de gás que se transformou em nosso Sistema Solar. Patterson estudou a taxa de decaimento radioativo de chumbo nesses meteoritos, para solucionar a idade da Terra.

Posteriormente, Patterson voltou sua atenção do chumbo em meteoritos para o chumbo na atmosfera. Sua cruzada contra a poluição por chumbo dos automóveis fez dele o modelo para Sam Beech, no romance de Saul Bellow *The Dean's December* [O dezembro do reitor], de 1982.

O alerta de Chicken Little
Eugene Shoemaker (1928 – 1997)

Shoemaker foi o primeiro a alertar o mundo sobre os perigos de impactos de meteoritos.

1956

Estados Unidos:
Ameaça dos meteoritos

A primeira autenticada e mais bem preservada cratera de impacto do mundo está no Arizona. Conhecida simplesmente como Cratera do Meteoro, seu diâmetro borda a borda é de 1,2 km, e sua profundidade abaixo da planície circundante é de cerca de 175 metros. Hoje, sabemos que ela foi cavada há cerca de 50 mil anos por um meteorito com o diâmetro da largura aproximada de um campo de futebol – mas, no início da década de 1950, a maioria dos geólogos acreditava que ela tinha sido formada por um vulcão.

Shoemaker, um geólogo, estava explorando a cratera, quando encontrou um tipo de sílica que só é formado por um impacto enorme. O impacto quebra rochas, jogando minúsculos grãos de quartzo no ar. A quebra é tão violenta, que deixa padrões nesses grãos, conhecidos como "quartzos de impacto". Em seguida, ele encontrou o mesmo quartzo revelador em outras crateras. Ele começou a formar a teoria de que tanto a Cratera Meteoro quanto as crateras da Lua eram devidas a impactos de meteoritos. Em 1960, ele recebeu seu doutorado da Universidade de Princeton por sua pesquisa inovadora sobre a mecânica dos impactos de meteoritos.

Ele alertou que era apenas uma questão de tempo, antes que a Terra fosse atingida novamente. Quando seu aviso foi ignorado, ele comentou, em 1994: "Ninguém acreditou em Chicken Little, quando ele disse que o céu estava caindo. Mas, às vezes, o céu cai e com efeitos terríveis". Três anos depois, ele morreu em um acidente de carro, enquanto procurava crateras de impacto no interior da Austrália.

1956

Estados Unidos:
Matéria espelhada

Através do espelho
Chen Ning Yang (1922) e Tsung-Dao Lee (1926)

A matéria espelhada não é mais coisa de ficção científica.

A ideia de antipartículas (*veja p. 142*) leva à ideia de simetria, mas em 1956 os físicos chinês-americanos Yang e Lee sugeriram que a simetria da natureza era falha. Por exemplo, os neutrinos sempre giram em direção à esquerda. Em contrapartida, os elétrons podem girar em ambos os sentidos. A descoberta da assimetria garantiu a Yang e Lee o Prêmio Nobel de Física, apenas um ano mais tarde. Eles também propuseram uma maneira de restaurar a perfeita simetria esquerda-direita à natureza: cada partícula destra deve ter uma partícula canhota, e vice-versa. Isso significa que cada partícula precisa ter uma parceira espelhada; por exemplo, o espelho dos neutrinos seria destro. Considerados em conjunto, o mundo real e o mundo do espelho iriam restaurar a simetria que parece estar faltando a cada um.

Alguns cientistas especulam que pode haver um universo paralelo que contém galáxias espelhadas, estrelas espelhadas, planetas espelhados – até mesmo vida espelhada. Se você deparasse com seu gêmeo de matéria espelhada, você passaria direto por ele ou ela. Você também seria invisível para seu gêmeo.

Matéria espelhada não interage com matéria comum, o que torna difícil encontrá-la. Não podemos sequer vê-la. Nenhuma matéria espelhada já foi descoberta ou feita em laboratório. Alguns cientistas acreditam que, se essa matéria pudesse ser capturada e colocada próxima à matéria comum, ela absorveria o calor do seu entorno. Esse calor irradiaria como "calor espelhado", que poderia ser a fonte de energia ilimitada, sem violar a segunda lei da termodinâmica (*veja p. 92*).

Há espaço suficiente no fundo?
Richard Feynman (1918 – 1988)

1959

Estados Unidos: Nanotecnologia

A nanotecnologia é a engenharia de máquinas em nível molecular.

Em 1959, antes de ganhar o Prêmio Nobel de Física, em 1965, Feynman deu uma palestra visionária chamada "Há espaço suficiente no fundo". Ele propôs que "os princípios da física... não vão contra a possibilidade de manobrar as coisas átomo por átomo", ou de construir máquinas do tamanho de moléculas. O avanço da nanotecnologia – a tecnologia que lida com objetos menores do que 100 nanômetros (um nanômetro tem um milionésimo de milímetro, cerca de dez vezes o tamanho de um único átomo) – cumpriu sua profecia.

Outro marco na curta história da nanotecnologia foi a publicação de *The Engines of Creation* [As máquinas da criação], de 1986, um livro de Eric Drexler, que às vezes é chamado de "o pai da nanotecnologia". Nesse livro futurista, Drexler prevê nanorrobôs ou *nanobots*: máquinas inteligentes autorreplicantes hipotéticas, pequenas demais para serem vistas a olho nu. Assim como as células biológicas, elas seriam capazes de fazer cópias de si mesmas. Em teoria, elas poderiam construir qualquer coisa, contanto que tivessem um pronto fornecimento dos materiais certos, um conjunto de instruções e uma fonte de energia.

Alguns cientistas descartam essa ideia, pois a consideram ficção científica. Para construir nanorrobôs, nanotecnólogos devem proporcionar "dedos mágicos" a essas máquinas. Dentro das limitações de um espaço de um nanômetro, a manipulação de átomos não é fácil, porque os dedos de um braço manipulador deve ele mesmo ser feito de átomos. Parece que não há espaço suficiente para acomodar todos os dedos necessários para se ter o controle total do processo.

1961

Estados Unidos:
Paradoxo do Ardil 22

Dane-se se fizer e dane-se se não fizer

Joseph Heller (1923 – 1999)

Uma situação em que uma solução desejada é impossível por causa de regras ilógicas.

No clássico romance de Heller, *Ardil 22* (1961), Yossarian, um bombardeiro servindo na Itália durante a Segunda Guerra Mundial, tenta escapar de missões como piloto, obtendo uma declaração de insano. Doc Daneeka, o cirurgião do exército, concorda que ele tem de impedir de voar qualquer um que seja louco, tudo o que a pessoa tem de fazer é pedir.

"E então você pode impedi-lo de voar?", perguntou Yossarian.
"Não. Então, não posso impedi-lo de voar."
"Você quer dizer que há um ardil?"
"Claro que há um ardil", Doc Daneeka respondeu: "Ardil 22. Qualquer um que queira se livrar do dever de combate não é realmente louco".

O Ardil 22 é um paradoxo existencial, e a frase é agora amplamente utilizada na linguagem cotidiana, muitas vezes de maneira incorreta. A lógica e a matemática prosperam com paradoxos – afirmações que soam razoáveis, mas levam a conclusões autocontraditórias.

Zeno, filósofo grego do século V a.C, elaborou os quatro paradoxos mais antigos. O primeiro fala sobre uma flecha voando que está em repouso: a cada instante de seu voo, a flecha ocupa um espaço exatamente do seu próprio tamanho, ou seja, a cada instante de seu voo ela está em repouso. Esse paradoxo é baseado na suposição de que o tempo é feito de instantes discretos que são indivisíveis. Portanto, não podemos ter uma velocidade em um instante (velocidade é a distância percorrida dividida pelo tempo decorrido, mas não há tempo decorrido em um instante). O conceito moderno de velocidade instantânea, que nos permite calcular quão rápido um objeto está viajando em um dado instante, resolve o paradoxo.

Veja também PARADOXO DE RUSSELL, p. 113.

Supergelada e fictícia
N. N. Fedaykin

1962

Rússia: Poliágua

Os cientistas temem que, se liberada do laboratório, ela iria se propagar, alimentando-se da água natural e transformando nosso planeta em outro Netuno congelado.

Sabemos agora que a poliágua não existe, mas a "descoberta" enganou centenas de cientistas em todo o mundo, os quais lançaram uma enxurrada de trabalhos de pesquisa entre 1962 e 1974, descrevendo suas incríveis propriedades. A história da poliágua começou quando Fedaykin, um cientista russo, reivindicou a descoberta de um líquido semelhante à água, que ele chamou de "água anômala" (cientistas americanos lhe deram o nome de "poliágua"). Essa substância gelatinosa era formada durante a condensação do vapor de água em tubos de capilares de quartzo. Alegou-se que ela tinha uma densidade de cerca de 40% maior do que a água, fervia a cerca de 540° C e congelava-se a -40° C, transformando-se em uma substância vítrea, bastante diferente de gelo.

A bolha de entusiasmo científico explodiu, quando a análise cuidadosamente controlada de amostras minúsculas fornecidas por Fedaykin mostrou que elas estavam bastante contaminadas por compostos orgânicos. Quando a poliágua desapareceu do mundo científico, ela encontrou uma nova casa no universo da ficção científica de Jornada nas Estrelas, onde era seu lugar desde o começo.

Por que a poliágua se tornou um tema tão popular para pesquisa, apesar do fato de que poucos cientistas tivessem realmente testado a substância? A maior parte do frenesi causado pela poliágua foi impulsionada pela ampla cobertura pela mídia de histórias sobre ela. Quando ela se tornou um tema popular, muitos cientistas usaram a oportunidade para atrair a atenção dos meios de comunicação e de seus colegas em reuniões. Mesmo os cientistas gostam de seus quinze minutos de fama. Placar: Andy Warhol, 1; Ciência, 0.

1962

Estados Unidos:
Primavera silenciosa

Um livro muito corajoso e profético
Rachel Carson (1907 – 1964)

A obra *Primavera silenciosa* desencadeou o movimento ambientalista moderno.

Este "livro profético", observou o cartunista, poeta e filósofo australiano Michael Leunig, "popularizou a verdade científica de que a degradação do ambiente natural pela humanidade estava causando um desequilíbrio terrível na ordem ecológica – rios estavam morrendo, espécies estavam desaparecendo e outras crescendo em proporções de praga, como consequência do imperialismo químico da humanidade, insensibilidade imprudente e ignorância sobre a natureza". Esse chamado imperialismo químico era o uso de pesticidas tóxicos incentivado por empresas químicas multinacionais. Essas empresas atacaram Carson e a qualificaram de uma "mulher histérica", não qualificada para escrever um livro daquele tipo, enquanto a revista *Time*, em 1962, criticou o livro por "simplificações demais e erros descarados". No entanto, em 1999, Carson estava na lista da Time das 100 pessoas mais influentes do século XX, por "seu livro muito corajoso", e, em 2006, a revista *Atlantic* classificou-a como 39º em sua lista dos 100 americanos mais influentes de todos os tempos.

Carson, uma bióloga marinha e autora de um livro anterior de grande sucesso, *The Sea Around Us* [O mar que nos rodeia], de 1951, era uma pesquisadora minuciosa, e passou quatro anos investigando meticulosamente os efeitos nocivos dos pesticidas na saúde humana e dos animais selvagens. O alarme que ela soou foi tão alto, que não poderia ser ignorado por muito tempo. Dentro de um ano, um comitê do governo dos Estados Unidos aceitou a maioria das reivindicações de Carson.

Primavera silenciosa não é um compêndio de fatos científicos, é literatura em seu próprio direito. "Foi uma primavera sem vozes. As manhãs que outrora pulsavam com o coro do amanhecer de dezenas de vozes de pássaros, agora não tinha nenhum som; só o silêncio pairava sobre os campos e bosques e pântanos."

Veja também *DDT*, UM POTENTE PESTICIDA, *p. 153.*

Uma nova maneira de pensar velhos problemas

Thomas Kuhn (1922 – 1996)

1962

Estados Unidos: Mudança de paradigma

A mudança de paradigma é fundamental em suposições subjacentes.

O termo "mudança de paradigma" foi usado pela primeira vez por Kuhn em seu livro *A estrutura das revoluções científicas* (1962), um dos livros acadêmicos mais populares do século XX. Como um estudante de pós-graduação de física, Kuhn leu as obras de Aristóteles e Newton, e percebeu quão diferentes eram seus conceitos de matéria e de movimento. Essa e outras observações semelhantes na história da ciência – onde houve uma mudança fundamental de paradigma ou arcabouço de pensamento – levaram-no à ideia de que a ciência não se desenvolve pela acumulação ordenada de fatos e teorias, mas por "complementos de quebra da tradição da atividade ligada à tradição da ciência normal". Ele chamou essas mudanças de paradigmas de revolução científica.

Para Kuhn, a ciência normal – "pesquisa firmemente baseada em um ou mais últimos avanços científicos, realizações que alguma comunidade científica em particular reconhece por um tempo como fornecendo a base para sua posterior prática" – é simplesmente "resolver um quebra-cabeças". Ciência revolucionária, por outro lado, envolve uma revisão completa das crenças e práticas científicas existentes. O desenvolvimento da ciência não é uniforme, mas tem fases "normais" e "revolucionárias" alternadas. Os mundos antes e depois de uma mudança de paradigma são absolutamente diferentes.

O livro de Kuhn tornou a palavra "paradigma" muito popular. Até mesmo a revista *The New Yorker* foi inspirada a publicar uma charge em que uma mulher exclama: "Puxa, Sr. Gerston! Você é a primeira pessoa que já ouvi usar 'paradigma' na vida real". Em 2014, o Google listou 19 milhões de páginas com "paradigma", das quais 2,4 milhões eram "mudanças de paradigma" (na vida real, nós esperamos).

1962

Estados Unidos: Táquions

Rápidos ou ficção?

Vários físicos

Táquions são partículas teóricas que viajam mais rápido que a luz.

*Havia uma garota chamada Brilhante que viajava mais rápido que a luz.
Ela partiu um dia, de uma forma einsteiniana, e voltou na noite anterior.*

Se Einstein tivesse lido esse poema relativista, ele teria dito que a senhorita Brilhante "não tinha possibilidade de existência" – a frase que ele usou para velocidades maiores do que a da luz em seu artigo de 1905, sobre a relatividade especial (*veja p. 118*). Em 1962, um grupo de físicos foi contra a regra da velocidade de Einstein e propuseram partículas que poderiam viajar mais rápido do que a luz. Eles disseram que a regra de Einstein não se aplicava a essas partículas que já estavam se movendo mais rápido do que a luz. Em 1967, o físico americano Gerald Feinberg nomeou-as táquions (do grego *tachus*, "rápido").

Os estranhos táquions, teoricamente falando, estão sempre viajando mais rápido do que a luz – eles "nascem" com velocidades maiores do que a luz. Quando os táquions perdem energia, eles ganham velocidade. Quando eles ganham energia, diminuem a velocidade. Energia infinita é necessária para diminuir a velocidade de um táquion até a da luz.

A maioria dos físicos desistiu da ideia de que táquions poderiam ser reais. No entanto, eles ainda continuam aparecendo em muitas novas teorias físicas. Por enquanto, a regra da velocidade de Einstein continua sacrossanta, e táquions não existem. Mas isso não os impediu de entrar no mundo da Nova Era. Cuidado com os empreendedores da Nova Era que afirmam terem controlado o poder dos táquions.

Medindo a temperatura do universo

Arno Penzias (1933) e Robert Wilson (1936)

1965

Estados Unidos: Radiação cósmica de fundo em micro-ondas

O calor restante da bola de fogo primitiva enche o universo hoje.

O universo começou quando uma partícula incrivelmente densa e quente de matéria explodiu espontaneamente. O universo recém-nascido estava tão quente, que elétrons e núcleos não conseguiam se combinar para formar matéria. Os elétrons livres espalhavam os fótons, tornando o universo opaco. Depois de 380 mil anos, o universo se resfriou a cerca de 3.000° C, e elétrons e núcleos conseguiram se combinar para formar os primeiros átomos de hidrogênio. O universo agora era transparente, e os fótons ficaram livres para escapar como raios gama. À medida que o universo continuava se resfriando e expandindo, o comprimento de onda da radiação aumentava. Ele mudou de raios gama de comprimento de onda curto para raios X de comprimento de onda mais longos, para os raios ultravioleta, a luz visível e, depois de 13,8 bilhões anos, para as micro-ondas. Essa radiação remanescente, normalmente chamada de radiação cósmica de fundo, pode ser detectada em qualquer lugar. Ela tem uma temperatura de -270° C (3° C acima do zero absoluto).

Em 1963, os Laboratórios Bell atribuíram aos radioastrônomos Penzias e Wilson a tarefa de detectar o ruído de rádio que estava interferindo com o desenvolvimento de um satélite de comunicações. Usando uma grande antena em forma de prato, eles detectaram um sinal que parecia vir de todo o céu. Quando eles inspecionaram a antena, descobriram que pombos estavam vivendo nela. Eles limparam as fezes das aves, mas o sinal ainda permaneceu. O sinal foi eventualmente identificado como a radiação cósmica de fundo em micro-ondas.

A descoberta de Penzias e Wilson, pela qual eles foram agraciados com o Prêmio Nobel de Física, em 1978, forneceu a prova mais poderosa para a teoria do Big Bang *(ver p. 139)*.

Veja também ONDAS GRAVITACIONAIS PRIMORDIAIS, *p. 212.*

Pensamento não tão difuso
Lotfi Zadeh (1921)

1965

Estados Unidos:
Lógica difusa

A lógica difusa oferece uma maneira semelhante à humana de lidar com problemas imprecisos que têm mais de uma solução.

A lógica difusa tem suas raízes na teoria dos conjuntos. Um objeto está ou não em um conjunto. Não há meio termo: um número ou é ímpar ou não é; ou você pertence ao conjunto de pessoas bonitas ou não. Essa abordagem binária verdadeiro ou falso, sim ou não, 1 ou 0, funciona bem para computadores, mas falha completamente no mundo real. Nos tempos antigos, Platão achava que havia uma terceira região além do verdadeiro e falso, mas em nossos tempos Zadeh olhou para tons de cinza, entre o verdadeiro e o falso, e perguntou: "Até que ponto algo é verdadeiro ou falso?"

Vamos considerar um conjunto de pessoas "altas": todos, vamos dizer, com mais de 175 centímetros são membros desse conjunto. Mas o que dizer de alguém que tem 170 centímetros? A teoria dos conjuntos recusa sua inclusão, mas a lógica difusa permite a todos algum grau de inclusão, porque mede a inclusão não como 0 ou 1, mas como entre 0 e 1. A lógica difusa tem regras matemáticas precisas para expressões vagas como "um pouco alto" ou "não muito alto".

Nascido na Rússia, Zadeh era professor de ciência da computação da Universidade da Califórnia, em Berkeley, quando teve a ideia que fez até mesmo máquinas de lavar roupa inteligentes. Como é que ele inventou a palavra "difusa"? Ele tentou "flexível", "indefinida", "borrada" e "elástica", mas no final resolveu: "Eu não conseguia pensar em nada mais preciso, então decidi por 'difusa'".

Esperto!

1967

Reino Unido:
Pulsares

Os homenzinhos verdes que se desligaram

Jocelyn Bell (Burnell) (1943)

> Pulsares (abreviação de estrelas pulsantes) são estrelas de nêutrons giratórias que liberam rajadas regulares de ondas de rádio.

Bell, estudante de pesquisa da Universidade de Cambridge, teve a exclusiva responsabilidade de operar um radiotelescópio e analisar os dados. O telescópio – uma série de detectores de rádio espalhados por uma área de mais de quatro hectares – foi projetado por seu supervisor, o astrônomo Antony Hewish, para o estudo de quasares (objetos parecidos com estrelas, que emitem poderosas ondas de rádio). Após as primeiras semanas, Bell notou algumas marcações incomuns – ela as chamou de "nuca" – nos gráficos emitidos pelo telescópio. Bell logo percebeu que, definitivamente, elas não eram dos quasares. Um exame mais detalhado revelou que eram uma série de pulsações intensas. Inicialmente, Bell e Hewish pensaram que os sinais eram de alguma inteligência extraterrestre e os chamaram de LGM, *Little Green Men* (homenzinhos verdes).

Na verdade, Bell tinha descoberto a primeira evidência de um pulsar.

Quando a notícia da descoberta estourou, "a imprensa atacou, e, quando descobriram que uma mulher estava envolvida, atacaram mais rápido ainda", Bell recorda. "Tiraram minha fotografia em pé sobre uma fileira [de detectores], sentada em um banco, de pé sobre um banco examinando registros falsos: um deles até me fez correr agitando os braços no ar – Faça uma cara feliz, querida, você acabou de fazer uma descoberta! (Arquimedes não sabe o que perdeu!)."

Mas essa história feliz tem um final bastante infeliz. Foi a Hewish que deram uma parcela do Prêmio Nobel de Física, em 1974, "por seu papel decisivo na descoberta dos pulsares", ao invés de a Bell, que fez as observações originais.

Veja também
RADIOASTRONOMIA, p. 150.

O moderno Netuno que rege o Pacífico

Jacob Bjerknes (1897 – 1975)

1969

Estados Unidos:
El Niño: Oscilação
Sul (OSEN)

OSEN é um padrão climático que tem consequências importantes para o clima ao redor do globo.

A cada três ou sete anos, o Pacífico central experimenta um aumento na temperatura da superfície. Quando essa enorme massa de água quente se move para o leste, para as águas normalmente frias ao largo da costa do Peru, ela produz um padrão de clima dramático. Muito antes de seu impacto global tornar-se conhecido, o pescador peruano lhe tinha dado o nome de El Niño (espanhol para "Cristo criança", porque geralmente acontece em torno do Natal). Nos anos do El Niño, ar quente e úmido paira em torno do meio do Pacífico, trazendo fortes chuvas para a América do Sul, mas seca severa nas florestas tropicais de Bornéu até as fazendas da Austrália.

Em anos normais, fortes ventos constantes, chamados ventos alísios, sopram do leste para o oeste em todo o Pacífico. À medida que a água quente da superfície se move para o oeste, a água fria abaixo substitui a água quente da superfície no leste. As águas quentes no oeste aquecem o ar acima, criando um sistema de baixa pressão e tempestades tropicais turbulentas. Essa redistribuição em grande escala de massa de ar entre o Pacífico oriental e ocidental é conhecida como Oscilação Sul.

O norueguês Bjerknes, meteorologista da Universidade da Califórnia, sugeriu que muitas variações de longo prazo no clima do mundo foram devidas a interações de grande escala entre os oceanos e a atmosfera. Ele conseguiu entender todo o conjunto, quando ligou o El Niño e a Oscilação Sul. O fenômeno combinado é chamado de OSEN. É possível que o aquecimento global afete a frequência e a força do OSEN.

Década de 1970

O Modelo Padrão

O zoológico de partículas

Físicos de partículas ao redor do mundo

O Modelo Padrão da física é uma teoria que explica a matéria e as forças da natureza.

Todas as partículas elementares se enquadram em duas categorias: férmions e bósons. Férmions (nomeados em homenagem ao físico ítalo-americano Enrico Fermi) são as partículas da matéria; eles só são criados em pares partícula-antipartícula. Bósons (nomeados em homenagem ao físico indiano Satyendra Nath Bose) são partículas que transmitem força pela troca de uma partícula intermediária peculiar a essa força. O universo é mantido unido por quatro tipos de forças fundamentais: a força forte, a força eletromagnética, a força fraca, e a gravidade. A força forte (que mantém os núcleos juntos) é mediada por glúons, a força eletromagnética (que está limitada às partículas que carregam uma carga elétrica) dos fótons, a força fraca (que está envolvida na formação dos elementos químicos), por bósons W e Z, e a gravidade de partículas hipotéticas chamadas grávitons. O Modelo Padrão não inclui a gravidade.

Existem duas classes de férmions: léptons e quarks. Ambas contêm seis partículas: léptons – elétron, neutrino do elétron, múon, neutrino do múon, tau, neutrino do tau; quarks – up quark, down quark, strange quark, charm quark, top quark, bottom quark. Há três gerações de férmions. As partículas da primeira geração compõem a matéria comum. As partículas da segunda e terceira gerações são produzidas em reações de alta energia e decaem rapidamente em partículas da primeira geração.

Tudo isso soa muito complexo, mas, se quisermos resolver o mistério do universo, devemos desvendar o cerne da questão. O Modelo Padrão foi validado por meio de experimentos, com exceção de uma partícula chamada bóson de Higgs (*veja p. 210*).

"Floppy" na unidade de disco
Alan Shugart (1930)

1970

Estados Unidos: Disquete

Um disquete é um disco redondo de plástico Mylar flexível, revestido com uma fina camada de material magnético, que pode armazenar dados de computador.

Em computadores antigos, dados eram armazenados em cartões perfurados nos quais cada caractere alfanumérico era identificado exclusivamente por furos em uma ou mais linhas de uma das 80 colunas. Esse método lento foi substituído por unidades de disco rígido, tão grandes quanto máquinas de lavar roupa, que foram introduzidas, em 1955, pela IBM. O próximo marco veio em 1970, quando Shugart, um engenheiro da IBM, desenvolveu uma unidade de disco que usava um disco de plástico removível, com somente 20 cm de diâmetro. O disco, que armazenava apenas 200 kilobytes de dados, logo foi apelidado de "floppy", porque era flexível. Em 1976, Shugart desenvolveu a unidade de disquete de 5¼ polegadas. Quando a IBM lançou o seu PC, em 1981, esse disquete era a escolha lógica para uma unidade de disco (*ver p. 194*). O disquete de 3½ polegadas foi introduzido pela Sony, em 1981.

Até recentemente, o disquete era a maneira mais barata e mais fácil de armazenar ou transferir dados de um PC para outro, mas agora eles foram substituídos por CD/DVD e pen drives (ou drives de memória flash).

Mais sobre computadores na próxima página!

1971

Estados Unidos:
Microprocessadores

Os chips onipresentes

Ted Hoff Jr (1937)

O microprocessador, ou microchip, começou a revolução eletrônica e da computação.

Chamado 4004, o primeiro microprocessador era um chip de silício do tamanho aproximado de uma unha. Mas ele continha o poder de computação do ENIAC, o primeiro computador digital eletrônico do mundo, construído em 1946, que encheu uma sala inteira.

A história do 4004 começou em 1969, quando Hoff estava trabalhando na Intel. Uma empresa japonesa de calculadoras pediu à Intel para produzir um circuito integrado, um chip de computador, para suas novas calculadoras programáveis. "As calculadoras precisavam de um grande número de chips, todos eles muito caros, e parecia, francamente, que isso taxaria toda a nossa capacidade de concepção", recordou ele mais tarde. Confrontado com esse problema, Hoff surgiu com uma solução engenhosa: por que não colocar todos os circuitos de computação em um único chip? Nascia o primeiro computador programável em um minúsculo chip de silício. Ao contrário dos chips de hoje, ele não era programado para tarefas específicas. Ele trabalhava com um conjunto de instruções – software – para fazer sua tarefa.

Foi batizado de 4004, porque Hoff e seus colegas, Federico Faggin e Stanley Mazor, tinham planejado colocar 4.004 transistores no chip. O chip final tinha cerca de 2.300 transistores (e, para as mentes técnicas, uma frequência de relógio de 108 kilohertz e barramento de dados de 4 bits). Em 1979, a Intel produziu o 8088 (29 mil transistores, 4,77 megahertz, barramento de dados de 8 bits). Esse tinha poder suficiente para executar o primeiro computador pessoal da IBM, que foi lançado em 1981 (*ver p. 194*). O resto é história (que não poderia ser escrita agora sem a ajuda de microchips).

O universo tem de ser do jeito que é
Brandon Carter (1942)

1973

Polônia: Princípio antrópico

O universo tem as condições certas para a existência de vida.

Não há nada de especial sobre as condições neste planeta. Não há nenhuma razão por que as coisas devem ser diferentes em qualquer outro lugar do universo. Em outras palavras, é improvável que a localização de alguém seja especial, ou, para ser franco, qualquer lugar ou qualquer época em que estejamos não tem nada de especial. Isso é conhecido como o "princípio de Copérnico", em homenagem a Copérnico, que, em 1543, disse que a Terra não é o centro do universo.

Em contrapartida, o princípio antrópico (do grego *anthropos*, "seres humanos") sustenta que os seres humanos têm um lugar especial no universo. As leis fundamentais da física, que governam o universo, não são fruto do acaso, mas de alguma forma ajustadas para possibilitar a existência de vida inteligente. Se, por exemplo, a força da gravidade fosse um pouco diferente do que é agora, não haveria estrelas semelhantes ao Sol em nenhum lugar.

O termo "princípio antrópico" foi proposto por Carter, um cosmólogo britânico, em 1973, em um simpósio na Polônia, comemorando o 500º aniversário de Copérnico. Ele sugeriu duas versões do princípio: (1) o princípio antrópico fraco: as condições no universo são compatíveis com nossa existência; e (2) o princípio antrópico forte: o universo deve ter essas propriedades, que possibilitariam a vida inteligente dentro dele em algum momento. Outros cientistas sugeriram diferentes implicações possíveis do princípio forte, incluindo a de que o universo foi "projetado" com o objetivo de sustentar os seres humanos. Isso foi interpretado como evidência para um criador.

1973

Estados Unidos: Engenharia genética

Admirável genética nova

Stanley Cohen (1935) e Herbert Boyer (1936)

Engenharia genética é o nome dado a um número de técnicas de corte e junção, em que um gene é cortado de um tipo de organismo e colado em outro.

A técnica mais antiga de engenharia genética é conhecida como tecnologia de DNA recombinante. Foi desenvolvida na Universidade de Stanford, por dois geneticistas moleculares: Cohen e Boyer. Nessa técnica, uma cadeia de DNA é cortada com uma enzima. O fragmento é então colocado numa solução contendo plasmídeos, pequenos pedaços circulares de material genético encontrados em bactérias. O fragmento de DNA se combina com um plasmídeo para formar um novo gene. O novo gene, quando colocado numa solução contendo bactéria normal, entra na bactéria. A bactéria, em seguida, trata o novo gene como se fosse seu próprio e começa a produzir a proteína de acordo com o novo código genético. Se, por exemplo, o novo código é para a produção de insulina, a bactéria irá começar a produzir insulina.

De fato, em 1982, a insulina humana, produzida por bactérias que tinham recebido o gene humano adequado, tornou-se o primeiro produto da revolução genética a chegar ao mercado médico. Outra aplicação dessa revolução é a terapia de genes, em que um gene que está ausente ou defeituoso é substituído por um sadio.

O rápido crescimento da engenharia genética está levantando questões médicas, filosóficas, éticas, teológicas e sociais, para as quais não existem respostas fáceis. Em que ponto cruzamos a linha entre os objetivos médicos de prevenção ou tratamento de doenças e os propósitos não medicinais de melhorar características desejadas? Até onde devemos ir?

Uma ligação com nosso passado

Donald Johanson (1943)

1974

Etiópia: O fóssil chamado Lucy

Lucy foi a maior descoberta fóssil do século XX.

Estudos fósseis e moleculares mostram que os humanos evoluíram de primatas, que apareceram cerca de 55 milhões de anos atrás, após a extinção dos dinossauros. O último ancestral comum dos seres humanos, gorilas e chimpanzés viveu entre 8 e 6 milhões de anos atrás. Há cerca de 6 milhões de anos, os primeiros "proto-humanos", chamados *Ardipithecus*, se separaram dos chimpanzés. Essas criaturas, que gostavam de árvores, compartilhavam traços com gorilas e chimpanzés.

O antropólogo americano Johanson estava escavando, a procura de fósseis, perto de um rio na Etiópia, quando descobriu um fóssil de 1,1 metro de altura, de um ancestral humano que viveu na Terra 3,2 milhões de anos atrás. Pertencente à espécie *Australopithecus afarensis*, o fóssil é "o elo perdido" entre os macacos e os humanos, pelo qual os antropólogos há muito estavam procurando. Johanson decidiu nomear o fóssil Lucy, quando a popular música dos Beatles *Lucy in the Sky with Diamonds* foi tocada em uma celebração naquela noite. Lucy pode não ser o link direto para os seres humanos, porque a árvore genealógica humana tem tantas ramificações diferentes. "Então, não podemos ter certeza de que ela própria estava, na verdade, na linha direta", diz Johanson. "Estamos certos de que seus ossos são tão diferentes dos primeiros seres humanos ou ancestrais humanos, que ela era uma espécie distinta e diferente."

O fóssil de uma criança *A. afarensis* de três anos de idade foi descoberto em 2000 a apenas quatro quilômetros do local onde Lucy foi encontrada. A criança, que viveu há cerca de 3,3 milhões de anos, foi apelidada bebê de Lucy. Lucy e seu bebê vão ajudar os antropólogos a entender a sequência evolutiva das alterações que produziram um hominídeo que andava ereto a partir de um macaco que vivia em árvores.

1975

*Suíça e Reino
Unido:
Anticorpo
monoclonal*

"Balas mágicas" sob medida

Niels Jerne (1911 – 1994),
Georges Köhler (1946 – 1995)
e César Milstein (1927 – 2002)

Os anticorpos monoclonais são moléculas de proteínas puras utilizadas no diagnóstico e tratamento de muitas doenças.

Os anticorpos monoclonais, ou de outra forma, são moléculas de proteína especializadas, liberadas pelas células B, membros de uma classe de glóbulos brancos chamados linfócitos. Os anticorpos são uma parte importante da resposta do sistema imunológico contra organismos invasores. O sistema imunológico tem a capacidade de fazer milhões de anticorpos diferentes, cada um capaz de "reconhecer" um antígeno específico.

Um anticorpo monoclonal é um anticorpo altamente específico, selecionado para reconhecer um antígeno particular, mas com a vantagem de poder ser produzido em massa fora do corpo. Ao fundir a tecnologia de anticorpos monoclonais, pesquisadores de engenharia genética levaram o formidável sistema sintetizador de anticorpo da natureza um passo adiante. Eles podem agora produzir novas moléculas de anticorpos que combinam partes de um gene que codifica o anticorpo com segmentos de outro, produzindo anticorpos "sob medida" para fins específicos.

Os imunologistas Jerne (Dinamarca) e Köhler (Alemanha), do Instituto Basel de Imunologia, e Milstein (Argentina e Reino Unido), da Universidade de Cambridge foram agraciados com o Prêmio Nobel de Fisiologia ou Medicina, em 1984, pela descoberta do princípio para a produção de anticorpos monoclonais. O trabalho deles prometeu uma revolução no diagnóstico e tratamento do câncer. Se usados como anticorpos "nus" ou armados com isótopos radioativos ou toxinas, essas "balas mágicas" – como os anticorpos monoclonais foram logo rebatizados pela imprensa popular – poderiam especificamente procurar e destruir células cancerosas sem danificar as células normais. No entanto, o muito elogiado anticorpo monoclonal ganhou a reputação de ser um "rei microscópico sem roupa".

Embora estudos com animais revelaram muitos sucessos, surgiram problemas em testes semelhantes com seres humanos.

1975

Estados Unidos: Geometria fractal

Montanhas não são cones
Benoit Mandelbrot (1924 – 2010)

Fractais são padrões geométricos que mostram autossimilaridade, isto é, parecem essencialmente iguais se você aumenta ou diminui o zoom.

A maioria dos padrões na natureza não são formados por figuras geométricas simples, como quadrados, triângulos e círculos, mas por formas que são irregulares e quebradas. Antes de Mandelbrot, matemáticos desdenhavam a descrição de tais formas matematicamente. A geometria clássica não consegue descrever a forma de uma nuvem, uma montanha, um litoral ou uma árvore. "Nuvens não são esferas", como Mandelbrot diz, "montanhas não são cones, a casca não é lisa, nem o relâmpago viaja em uma linha reta".

Nascido na Polônia, Mandelbrot mudou-se para os Estados Unidos em 1958. Em 1975, ele inventou uma nova geometria de padrões irregulares e fragmentados em torno de nós. Ele chamou esses padrões maravilhosamente complexos de fractais (do latim *fract*, "quebrado"). "Partes pequenas são a mesma coisa que partes grandes; isso é a definição de fractal", diz Mandelbrot. "Uma nuvem é feita de ondas em cima de ondas que se parecem com nuvens. Ao aproximar-se de uma nuvem, você não vê algo suave, mas irregularidades em uma escala menor." Samambaias, couves-flores, flocos de neve, rios, montanhas e relâmpagos – todos são fractais. Fractais podem ser descritos por equações matemáticas simples, que podem ser utilizadas para gerar imagens de computador.

A geometria fractal é agora usada para comprimir imagens de computador; localizar depósitos de petróleo subterrâneos; construir barragens; compreender a corrosão, a chuva ácida, terremotos e furacões; estudar a mudança climática global; e até mesmo para delinear altas e baixas dos mercados de ações. Tudo isso e mais, graças a um matemático que disse: "A beleza da geometria é que ela é uma linguagem de sutileza extraordinária".

Bebês como quaisquer outros

Patrick Steptoe (1913 – 1988) e
Robert Edwards (1925)

1978

Inglaterra: Fertilização Humana In Vitro (FIV)

A fertilização *in vitro* envolve a mistura de óvulos e esperma em uma placa de petri e, em seguida, a implantação dos embriões resultantes no útero.

Como obstetra e ginecologista Steptoe foi muitas vezes confrontado com a extrema tristeza de mulheres que eram incapazes de conceber. Na maioria dos casos, a causa da infertilidade era trompas de Falópio bloqueadas, o que impedia a fertilização e a passagem de um embrião para o útero, para desenvolver-se. Ele esteve com Edwards, professor de biologia reprodutiva da Universidade de Cambridge, em um encontro científico, em 1968, em Londres. Edwards tinha desenvolvido uma maneira de fertilizar óvulos humanos em laboratório.

Eles decidiram se juntar, e passaram anos aperfeiçoando uma técnica de fertilização *in vitro*. Steptoe usou um dispositivo de fibra óptica chamado laparoscópio para sugar óvulos diretamente de mulheres inférteis. Uma vez fertilizados *in vitro* (fora do corpo), eles podiam ser transferidos para o útero.

Depois de dezenas de tentativas fracassadas, o sucesso veio em 1988, quando Lesley Brown deu à luz por cesariana o primeiro bebê "de proveta".

A façanha surpreendente tornou Steptoe e Edwards celebridades instantâneas. Muitos grupos religiosos ficaram horrorizados com o evento e acusaram os médicos de brincar de Deus. Uma revista britânica publicou uma reportagem de capa, afirmando que os bebês de proveta eram "a maior ameaça desde a bomba atômica". FIV é agora considerada um procedimento de rotina. Milhões de mulheres em todo o mundo já usaram com sucesso a fertilização *in vitro*, desde o nascimento de um bebê vigoroso de 2,6 kg. Apropriadamente chamada Louise Joy Brown, a bebê cresceu e tornou-se uma jovem saudável.

Edwards foi agraciado com o Prêmio Nobel de Fisiologia ou Medicina, em 2010.

1981

*Estados Unidos:
O computador
pessoal da IBM*

Zilhões de computadores

Uma equipe de engenheiros da IBM

O lançamento do PC da IBM revolucionou escritórios, escolas e lares.

"Acho que existe um mercado mundial para cerca de cinco computadores."
– Thomas Watson, presidente da IBM, 1943
"Não há nenhuma razão para que alguém tenha um computador em casa."
– Ken Olson, presidente da Digital Equipment, 1977
"640K [de memória] deve ser suficiente para todos."
– Bill Gates, diretor executivo da Microsoft, 1981

Poucos meses depois de seu lançamento, em 12 de agosto de 1981, o PC da IBM provou que todos eles estavam errados. Pelos padrões de hoje, ele era um Mickey Mouse: o microprocessador Intel 8088 de 8-bit, rodando a 4,77 megahertz, com 64 kilobytes de memória de acesso aleatório (RAM), unidade de disco flexível unilateral de 5¼ polegadas, capaz de armazenar 160 kilobytes, e um monitor preto-e-branco (o monitor colorido era opcional). Ele não tinha um disco rígido; os programas de aplicativos tinham de ser carregados na memória RAM do computador.

Na verdade, o PC da IBM não foi o primeiro. Esse marco na história dos computadores vai para o Altair 8800, com um processador Intel anterior e 1 kilobyte de memória RAM. Lançado em 1977, ele foi vendido em forma de kit. No entanto, a IBM popularizou o termo "computador pessoal" e a sigla PC, que agora é usada para todos os computadores desktop ou portáteis.

O sistema operacional do PC da IBM, chamado de MicroSoft Disk Operating System (MS-DOS), foi projetado pela Microsoft Corporation, uma empresa fundada por Bill Gates, em 1977. A popularidade instantânea do PC estimulou duas indústrias: a indústria de software para desenvolvimento de aplicativos; e uma indústria completamente nova de revistas de informática para avaliação de novos hardware e software e dicas e sugestões de como usá-los.

1982

Estados Unidos: Fenômeno da "Depressão da Segunda-Feira"

Alguma coisa para alegrar seu dia

Arthur A. Stone (1951)

Acabou-se a depressão da segunda-feira.

Você pode ainda acreditar na depressão das segundas-feiras, mas em 1982, Stone, um psicólogo da Universidade Stony Brook, em Nova York, rebaixou essa crença a folclore. Ele disse que não importa o que as pessoas afirmem, os humores de segunda-feira não são piores do que os de outros dias de trabalho. Seus estudos de humor, estresse e doença física com trabalhadores de classe média, de colarinho branco, mostraram que o bom humor era mais alto nas sextas-feiras, sábados e domingos. O humor piorava nas segundas-feiras e ficava mais ou menos o mesmo até, e incluindo, as quintas-feiras.

Então, por que a segunda-feira é vista como sombria e desagradável? Talvez seja apenas o contraste com o domingo – o dia idílico – que produz a percepção de que a segunda-feira é o pior dia da semana. Ou talvez as pessoas tenham aderido a um mito cultural da depressão da segunda-feira, que faz com que elas escolham a segunda-feira quando perguntadas sobre o pior dia da semana. Outros estudos psicológicos recentes também sugerem que a depressão da segunda-feira é principalmente um resultado das expectativas impostas pelo mito cultural. Os pesquisadores supostamente transformaram a segunda-feira em um dia mais leve, mas, para alguns de nós, ela continua a ser o dia mais pesado.

Eles a chamam de segunda turbulenta
mas terça-feira é quase tão nojenta.
Ah, quarta-feira que é pior
Quinta-feira também é de dar dó.

Quando um computador pega uma gripe
Fred Cohen (1956)

1983

Estados Unidos: Vírus de computador

Cohen cunhou o termo "vírus de computador" para descrever um programa que pode "infectar" outros programas. Ele pode inserir cópias de si mesmo em outro programa, o que pode também atuar como um vírus e, assim, a infecção se espalha.

A ideia surgiu para Cohen, enquanto ele estava trabalhando em sua tese de doutorado, na Universidade do Sul da Califórnia. "De repente, uma luz se acendeu, e eu disse, 'Aha!'", ele relembra. "Em poucos segundos, eu sabia como escrever o programa e que ele iria funcionar." Ele escreveu o programa e o acrescentou a um programa de um minicomputador. O vírus tomou o controle do computador em poucos minutos. Em um artigo publicado no ano seguinte, ele escreveu profeticamente que os vírus poderiam "se espalhar por redes de computadores da mesma forma que se espalham por computadores" e poderiam "causar danos a instituições modernas do governo e do mundo financeiro, comercial e acadêmico".

O primeiro vírus para computadores pessoais foi criado em 1986, por dois hackers (programadores que intencionalmente projetam vírus) no Paquistão. Chamado "The Brain" (O Cérebro), ele se transportava em um programa realizado em disquetes. Os vírus em disquetes eram um incômodo, mas eles só conseguiam infectar um computador quando os discos eram passados de uma máquina a outra. Agora, a maioria dos vírus viaja via e-mail com uma velocidade alarmante. Eles costumam se replicar enviando-se automaticamente para os contatos no catálogo de endereços de e-mail da vítima.

Os vírus podem ser detectados e destruídos por programas antivírus, mas a maioria dos especialistas em computação acreditam que é matematicamente impossível escrever um programa genérico que irá detectar todos os programas atuais e futuros.

1984

Austrália: Tratamento de úlcera estomacal

Uma sensação na boca do estômago

Robin Warren (1937) e Barry Marshall (1951)

Úlceras estomacais com risco de vida são causadas por bactérias.

Em 1979, quando o patologista Warren estava examinando tecidos retirados do revestimento do estômago de um paciente que sofria de úlcera no estômago, notou uma pequena linha azul na superfície. Ele olhou por uma lente mais potente de seu microscópio e ficou surpreso ao ver que pareciam bactérias. Quando ele as coloriu, havia milhões delas. "Essas criaturas estavam bem, realmente vivas e crescendo em um número enorme", lembra ele. A sabedoria convencional na época era que úlceras estomacais eram causadas por revestimentos fracos do estômago, ou níveis elevados de ácido, e não por infecções bacterianas.

Em 1981, o jovem gastroenterologista Marshall juntou-se a Warren e ambos continuaram a pesquisar sobre as bactérias parecidas com sacarrolhas, *Helicobacter pylori*. Um ano mais tarde, quando anunciaram sua hipótese, ela foi ridicularizada pelos críticos, que disseram que a bactéria não consegue sobreviver no ambiente altamente ácido do estômago. Em 1984, o prestigiado jornal médico *Lancet* publicou os detalhes da descoberta. Porém, as conservadoras autoridades médicas ainda se recusavam a acreditar neles. Para provar que os críticos estavam errados, Marshall engoliu uma pequena dose das bactérias vivas. De acordo com o esperado, ele desenvolveu uma úlcera no estômago, que foi prontamente curada com antibióticos. Apesar desse ato incrível de autoexperimentação, foram necessários mais dez anos antes de os antibióticos se tornarem o tratamento padrão para úlceras estomacais.

Warren e Marshall foram agraciados com o Prêmio Nobel de Fisiologia ou Medicina, em 2005, por provarem que a úlcera de estômago não é uma condição crônica dolorosa, mas sim uma doença infecciosa que pode ser curada facilmente.

Marcando os humanos com código de barras
Alec Jeffreys (1950)

1984
Reino Unido:
Impressão genética
(ou por DNA)

Uma técnica que oferece um padrão visual de uma parte de um DNA que é único para cada indivíduo.

Jeffreys, um geneticista da Universidade de Leicester, estava estudando um gene de um pedaço de carne de foca-cinzenta quando, por acaso, encontrou um pouco de DNA no interior do gene, "que foi a chave para desvendar o segredo da impressão genética". Ele lembra: "Então, para mim foi com certeza um momento Eureca, minha vida literalmente mudou em apenas cinco minutos, em uma câmara escura, quando retirei aquela primeira impressão de DNA e vi com o que tínhamos trombado".

A hélice de DNA é constituída por quatro blocos de construção, chamados de pares de bases A, C, T e G, que podem ser ligados em apenas quatro combinações: A-T, C-G, T-A, G-C. A sequência desses quatro pares de bases ao longo do comprimento da fita faz com que um DNA seja diferente de outro. A técnica de impressão genética é complexa, mas o resultado final é um filme de raios X, com padrões claros e escuros, muito parecido com um código de barras. Esse "código de barras" é único para cada indivíduo, com exceção de gêmeos idênticos. Estimativas da probabilidade de haver dois indivíduos correspondentes variam de uma em um bilhão a uma em um trilhão.

A impressão genética é agora comumente usada para identificação, por exemplo para: estabelecer relações familiares em controvérsias sobre paternidade ou maternidade; analisar padrões de migração ou provar alegações de etnia; ou identificar suspeitos de crimes a partir de amostras de DNA (tais como sangue, saliva ou cabelo) reunidas em cenas de crime. Ela também pode ser usada para identificar animais contrabandeados ou caçados ilegalmente.

1985

Antártida: O buraco da camada de ozônio

O buraco no céu

Uma equipe de cientistas do British Antarctic Survey

O buraco de ozônio é a dramática perda da camada de ozônio sobre a Antártida.

A camada de ozônio é uma faixa de gás ozônio na estratosfera, uma camada superior da atmosfera. Ela absorve a luz ultravioleta e protege a Terra dos piores efeitos da radiação do Sol.

Cientistas britânicos começaram a estudar a camada de ozônio em 1924, quando Gordon Dobson, da Universidade de Oxford, projetou e construiu um instrumento para medir os níveis de ozônio na camada de ozônio. Eles notaram apenas variações sazonais nos níveis até o final da década de 1970. Depois disso, ficou claro que a camada de ozônio sobre a Antártida estava em rápida depleção.

Em 1985, eles anunciaram que tinham encontrado uma lacuna intrigante ou "buraco" – uma área maior do que a Austrália – na qual a camada de ozônio tinha diminuído em cerca de 50 por cento. O buraco agora aparece a cada ano durante a primavera do hemisfério sul.

Em 2006, ele atingiu proporções recorde de mais de três vezes o tamanho da Austrália. O buraco é causado pelo cloro liberado por clorofluorcarbonetos (CFCs), produtos químicos sintéticos utilizados principalmente no hemisfério norte, como refrigerantes e como agentes de formação de espuma para polímeros. O uso de CFCs diminuiu, mas não veremos os efeitos dessa diminuição até cerca de 2024.

O buraco representa um risco para as pessoas que vivem sob ele. Sem qualquer proteção adequada, o aumento da luz ultravioleta pode causar queimaduras solares rápidas, câncer de pele e problemas oculares, como catarata. Então, quando você está no hemisfério sul, o lema é: ponha (uma camisa), ponha (protetor solar) e ponha (um chapéu).

Bolas de futebol de carbono

Robert Curl (EUA, 1933); Harold Kroto (Reino Unido, 1939) e Richard Smalley (EUA, 1943)

1985

Estados Unidos: Fulerenos

Como grafite e diamante, fulerenos – pequenas moléculas ocas em forma de bolas de futebol – são uma forma de carbono puro.

A história dos fulerenos começou em 1984, quando os cientistas descobriram que, quando o grafite é vaporizado com laser, ele se transforma em uma variedade de moléculas de carbono, que sempre contêm um número par de átomos. Kroto ficou tão intrigado com esse resultado, que convenceu Curl e Smalley a tentarem usar grafite no novo equipamento de vaporização a laser que eles estavam usando para estudar a química do silicone. Ele estava esperando fazer longas cadeias de carbono, talvez com até 33 átomos de comprimento. Smalley estava duvidando que o experimento iria provar algo novo. "Parecia uma ideia estúpida na época", disse ele mais tarde. Essa "ideia estúpida" deu a Curl, Kroto e Smalley o Prêmio Nobel de Química, em 1996.

A experiência produziu cadeias de carbono longas, mas o trio ficou intrigado ao descobrir que não só os átomos de carbono tendem a formar moléculas com um número par de átomos, mas que os aglomerados predominantes eram grupos de 60 átomos de carbono. O que, eles se perguntavam, era especial sobre grupos de 60 carbonos? Como cada grupo formava uma estrutura estável a partir de 60 átomos? Kroto sugeriu que a molécula de 60 carbonos se parecia com as cúpulas geodésicas do arquiteto americano Buckminster Fuller, feitas de vidro e metal. Smalley logo descobriu que uma esfera perfeita com 60 vértices poderia ser formada pelo encaixe de vinte hexágonos e doze pentágonos. Eles chamaram essa nova forma de molécula de carbono "buckminsterfulerenos" em homenagem a Fuller, e ela se tornou carinhosamente conhecida como "fulereno".

Os cientistas acreditam que existem inúmeros usos para os fulerenos: como lubrificante, como semicondutor e como catalisador. Eles também sintetizaram fulerenos tubulares.

1988

Itália: O Santo Sudário

Desmascarando um mito

Uma equipe internacional de cientistas

Ele foi venerado durante séculos como o tecido usado para envolver o corpo de Jesus Cristo após a crucificação.

O Sudário, um longo pedaço de 4,3 metros de linho, carrega o que parece ser a marca sangrenta de um homem nu, deitado com as mãos cruzadas sobre a barriga. A imagem parece chamuscada e aparece apenas em um lado do tecido; ela não penetrou nas fibras. Quando foi fotografada pela primeira vez, em 1898, por Secondo Pia, advogado e fotógrafo amador italiano, a imagem se assemelhava a um negativo fotográfico.

Por ter atraído a atenção pela primeira vez em 1357, o Sudário tem frequentemente sido rotulado como uma falsificação europeia do século XIV. Em 1988, o Vaticano concordou com uma datação por radiocarbono (*veja p. 159*) da relíquia. Uma equipe internacional de cientistas analisou uma amostra, aproximadamente do tamanho de um selo postal, e concluiu que ele foi criado entre 1260 e 1390. Isso levou o arcebispo de Turim, o guardião da mortalha, a admitir que o Sudário era uma farsa.

Porém, alguns mitos não são fáceis de derrubar. Muitos dos chamados estudiosos do Sudário alegaram que a amostra utilizada nos testes de 1988 tinha sido cortada de um remendo medieval costurado na mortalha, para reparar danos de fogo. O Sudário realmente foi danificado em um incêndio em uma igreja, em 1532, e foi restaurado por freiras, que remendaram os buracos com um novo tecido. Em 2005, Raymond Rogers, químico aposentado americano, afirmou que um teste microquímico realizado em um pedaço da mortalha do tamanho de um grão mostrou que o Sudário tinha entre 1.300 e 3 mil anos de idade.

Quente demais para aguentar

Stanley Pons (1943) e
Martin Fleischmann (1927 – 2012)

1989

Estados Unidos:
Fusão a frio

A fusão nuclear ocorre em temperatura muito alta, mas ela pode acontecer em temperatura ambiente?

Quando os núcleos de elementos leves se juntam para formar um núcleo novo e mais pesado, a reação libera uma enorme quantidade de energia. Começar uma fusão nuclear requer uma temperatura maior do que a do Sol. Os cientistas ainda não conseguiram construir um reator de fusão bem-sucedido. Se uma maneira para iniciar a fusão à temperatura ambiente for encontrada, será uma potencial fonte de energia ilimitada e vai resolver os problemas de energia do mundo.

Em 23 de março de 1989, Stanley Pons e Martin Fleischmann, químicos da Universidade de Utah, surpreenderam o mundo ao anunciar em uma conferência de imprensa que tinham descoberto uma maneira de produzir a fusão nuclear em uma jarra de vidro, à temperatura ambiente. Seu reator de fusão de bancada consistia de dois eletrodos – um de paládio e o outro de platina – imersos em um frasco de vidro com água pesada (água contendo deutério, ao invés de hidrogênio normal). Esse aparelho simples supostamente produzia energia térmica dez vezes maior do que a energia elétrica transmitida através dos eletrodos. Os químicos também afirmaram que a reação gerava radiação gama. Quando centenas de cientistas ao redor do mundo tentaram replicar o experimento, a única coisa que conseguiram encontrar em seus frascos de vidro foi água fria.

A maioria dos cientistas não considera a fusão a frio um fenômeno real. A revista *New Scientist* comentou, em 1991, que a saga fusão a frio "provou ser um lembrete austero de que os cientistas são tão vulneráveis às falhas humanas da ganância, vaidade e rancor, como qualquer outra pessoa".

1990

Mundial:
Projeto Genoma
Humano

Lidando com o quebra-cabeça genético

Cientistas ao redor do mundo

O Projeto Genoma Humano foi um dos empreendimentos científicos mais ambiciosos já conduzidos.

O genoma humano é o DNA inteiro, que consiste em cerca de 30 mil genes e cerca de 3 mil bilhões de pares de bases (*veja p. 168*). O DNA é organizado em 24 pares de cromossomos, moléculas fisicamente separadas, que variam em comprimento de cerca de 50 a 250 milhões de pares de bases. Cada cromossomo contém muitos genes, as unidades básicas da hereditariedade. Cada uma das 100 trilhões de células no corpo humano carrega em seu núcleo 23 pares de cromossomos (46 no total), exceto o espermatozoide e o óvulo que contêm apenas uma única cópia de cada cromossomo (23 em cada). Um par especial de cromossomos determina o sexo de um ser humano. As células de mulheres têm dois cromossomos X, enquanto as dos homens têm um cromossomo X e um Y.

Os cientistas já mapearam todos os cromossomos. A informação, que encheria 200 listas telefônicas de 500 páginas, está ajudando os cientistas a encontrar genes associados com dezenas de distúrbios genéticos e no desenvolvimento de milhares de novos medicamentos para doenças antes incuráveis.

Em 1984, Robert Sinsheimer, então reitor da Universidade da Califórnia em Santa Cruz, propôs que todos os genes humanos fossem mapeados. O mapeamento começou em 1988, embora o projeto tenha sido lançado oficialmente na Europa e nos EUA em 1989 e 1990. Foi concluído em 2003. Levará anos, talvez décadas, para que os cientistas desvendem completamente os mistérios escondidos nos mapas genéticos que o Projeto Genoma Humano, a joia da coroa da biologia do século XX, ajudou a criar.

Uma rede brilhante

Tim Berners-Lee (1955)

1991

Suíça: World Wide Web

A WWW é a mídia de massa deste século.

Em 1999, quando o britânico Berners-Lee entrou para a lista da revista *Time* das 100 maiores mentes do século XX, a revista pediu a seus leitores para iniciar um site de busca e digitar a palavra "perguntar". "Você vai ter cerca de 30 mil entradas", a revista exclamou. "Acontece que você pode 'perguntar' sobre quase tudo online nos dias de hoje." O mesmo exercício atualmente vai conseguir milhões de acessos (43 milhões, em 2012). Hoje, você pode realmente perguntar sobre qualquer coisa online, já que todos nós, de uma forma ou de outra, estamos enredados na rede que Berners-Lee teceu menos de duas décadas atrás.

Tudo começou em 1989, quando Berners-Lee estava trabalhando no CERN, o Laboratório Europeu de Física de Partículas, em Genebra. Ele propôs um projeto de hipertexto: o sistema agora familiar, *point-and-click*, de navegar através da informação, para ligar os computadores pessoais do CERN com a internet. No ano seguinte, ele projetou um conjunto de regras (HTTP ou Hypertext Transfer Protocol) para conectar links de arquivos em computadores em toda a internet, e um sistema de endereços (URLs ou Uniform Resource Locator) para localizar esses arquivos. Ele, então, projetou o primeiro navegador para permitir que sua criação fosse vista – que ele chamou de World Wide Web depois de rejeitar nomes como mina de informação e malha de informação – em qualquer computador conectado à internet.

A primeira página da web (http://info.cern.ch/hypertext/WWW/TheProject.html) foi lançada em 6 de agosto de 1991. Ela não tinha gráficos nem imagens dinâmicas, apenas texto simples. O resto é uau!

1993

Estados Unidos: Satélites de asteroides

Dactyl de Ida
A sonda espacial Galileu da NASA

Dactyl é a primeira lua de um asteroide já descoberta.

Imagine jogar críquete no asteroide 243 Ida (a cada asteroide é atribuído um número de catálogo, por ordem cronológica de sua descoberta). Bata forte na bola e ela daria uma volta em sua cabeça e atingiria a superfície atrás de você. Bata na bola suavemente, e ela pousaria à sua frente. Deixe-a cair ao nível dos olhos, e ela levaria cerca de 30 segundos para bater no chão. A causa desse comportamento estranho é uma combinação da gravidade baixa e irregular, a rápida rotação e o formato parecido com um amendoim (dimensões: 56 x 24 x 21 km) de Ida. A maioria dos asteroides têm essa dinâmica idiossincrática. Muitos deles também têm pequenas luas. Ida tem Dactyl – o primeiro satélite de asteroide conhecido, com apenas 1,4 quilômetro de diâmetro.

Dactyl foi descoberto pela sonda espacial Galileu, lançada em 1989 pelo ônibus espacial Atlantis, que passou pelo cinturão de asteroides no seu caminho para Júpiter. Os astrônomos descobriram o satélite de Ida em imagens enviadas pela Galileu, em 28 de agosto de 1993. As imagens foram feitas a uma distância de cerca de 3.900 quilômetros. A descoberta foi confirmada um ano mais tarde pela União Astronômica Internacional, que nomeou o satélite Dactyl (derivado dos Dactyli, um grupo de seres da mitologia grega que viviam no Monte Ida).

Com forma de ovo, o Dactyl orbita a cerca de 108 quilômetros de Ida. Suas características geológicas mais importantes são as mais do que uma dúzia de crateras, com mais de 80 quilômetros de diâmetro. Alguns astrônomos especulam que Ida e Dactyl foram formados como um par, um bilhão ou mais anos atrás, quando o corpo pai de Ida foi destroçado.

Veja também ASTEROIDES, p. 70.

Estranhos novos mundos

Michel Mayor (1942) e Didier Queloz (1966)

1995

França: Planetas extrassolares

A descoberta de planetas extrassolares – planetas além do Sistema Solar – desafia a noção de que nosso Sistema Solar é único.

A ideia de planetas que orbitam outras estrelas tem fascinado cientistas desde 1755, quando o filósofo alemão Immanuel Kant propôs uma teoria para a formação do Sistema Solar: uma nuvem giratória de gás e poeira se quebrou em anéis, que se condensaram para formar o Sol e os planetas. A procura de planetas extrassolares começou a sério em 1981, quando astrônomos canadenses observaram dezenas de estrelas semelhantes ao Sol. A busca de uma década não resultou em nada, mas encorajou outros astrônomos a continuar procurando novos mundos.

Michel Mayor e Didier Queloz, da Universidade de Genebra gritaram "Eureca!", em 6 de outubro de 1995, quando anunciaram a descoberta do primeiro planeta extrassolar. Trabalhando no Observatório de Haute Provence, no sudeste da França, eles tinham descoberto um planeta que orbita uma estrela semelhante ao Sol, a apenas 44 anos-luz do Sol. O planeta – chamado 51 Pegasi b – orbita a estrela 51 Pegasi, ao norte, na constelação de Pegasus (o Cavalo Alado). É um gigante de gás, semelhante a Júpiter, com 140 vezes a massa da Terra, e tão perto de sua estrela que gravita ao redor dela em apenas quatro dias.

Parece que o Cavalo Alado deu um coice e abriu as portas do céu para os astrônomos. Desde então, eles já descobriram cerca de 2 mil planetas extrassolares; muitos deles são sistemas multiplanetas. A maioria deles são gigantes de gás, mas os cientistas estão entusiasmados com a possível descoberta de planetas semelhantes à Terra. Esses planetas provavelmente se encontram dentro das zonas habitáveis da galáxia, nas quais a vida em um planeta é possível.

2004

Reino Unido: Paradoxo da informação em buracos negros

"Agora, eu tenho uma resposta para isso"

Stephen Hawking (1942)

O que acontece com a informação da matéria destruída por um buraco negro?

Às vezes, o peso esmagador de uma estrela moribunda a espreme em um ponto com densidade infinita. Nesse ponto, conhecido como singularidade, espaço e tempo param. A singularidade está cercada por uma superfície imaginária conhecida como horizonte de eventos, um tipo de contorno esférico sem retorno. Nada – nem mesmo a luz – consegue escapar do horizonte de eventos. Essas regiões do espaço-tempo são chamadas de buracos negros.

Em 1974, Hawking, o físico mais conhecido por seu livro de ciência popular, *Uma breve história do tempo* (1988), sugeriu que os buracos negros não são tão negros, afinal. Uma vez que um buraco negro é formado, ele irradia energia e começa a perder massa e vai evaporar no final. Essa radiação, conhecida como radiação Hawking, é aleatória. Isso significa que, em termos práticos, não carrega nenhuma informação e, portanto, todas as informações sobre a matéria que caíram em um buraco negro estão perdidas. Mas isso viola as leis da física e cria um problema conhecido como o "paradoxo da informação".

Em 2004, Hawking inverteu sua crença e disse: "Venho pensando neste problema há 30 anos, mas agora tenho uma resposta para ele... O buraco negro parece se formar, mas mais tarde se abre e libera informações sobre o que caiu lá dentro, por isso, podemos ter certeza do passado e prever o futuro". É reconfortante saber que os campos gravitacionais extremos dos buracos negros não os tornam anárquicos e que eles ainda seguem as boas e velhas leis da natureza, pelo menos de acordo com o professor Hawking, da Universidade de Cambridge.

De pizzas a nachos
União Astronômica Internacional (UAI)

2006

*Tchecoslováquia:
O "novo" Sistema
Solar*

O "novo" Sistema Solar – com apenas oito planetas – reflete avanços na nossa compreensão dos corpos celestes que os antigos gregos chamavam *planetes*, ou andarilhos.

Meu Velho Tio Mandou Junior Saborear Umas Nove Pizzas – o mnemônico que você aprendeu na escola para listar a ordem dos nove planetas (a partir do Sol) não tem mais sua pizza favorita, para Plutão. Depois de rebaixar Plutão, o União Astronômica Internacional recomenda que Junior Saboreie Uns Nachos. Em sua assembleia geral, em Praga, a UAI definiu um "planeta" como um corpo celeste que: (a) está em órbita ao redor do Sol; (b) é maciço o suficiente para que sua própria gravidade o puxe em uma forma esférica (ou quase esférica); e (c) não haja outros corpos em seu caminho, que ele deve varrer, enquanto gira ao redor do Sol. Plutão não cumpre o critério (c). Isso porque em cerca de vinte anos, a órbita de 248 anos de Plutão vai trazê-lo mais perto do Sol do que Netuno.

A UAI criou uma nova categoria de objetos, chamados de "planetas anões", para objetos similares a Plutão. Essa categoria inclui Ceres, um asteroide descoberto em 1801 (*veja p. 70*), e Eris (anteriormente conhecido como Xena), descoberto em 2005. Plutão e Eris se situam no cinturão de Kuiper, um cinturão de corpos gelados primordiais que envolve os oito planetas. Mais objetos do cinturão de Kuiper serão classificados como "planetas anões" nos próximos anos.

A UAI também introduziu um novo termo – "pequeno corpo do sistema solar" – para todos os objetos que orbitam o Sol, mas são pequenos demais para serem chamados de planetas ou de planetas anões.

2012

Suíça e França:
Bóson de Higgs

Te pegamos!

Físicos da Organização Europeia
para Pesquisa Nuclear (CERN)

O bóson de Higgs, a partícula elementar que dá massa a outras partículas, foi encontrada finalmente.

Às vezes chamada de partícula de Deus, porque sua existência é fundamental para a criação do universo (de acordo com o Modelo Padrão da física, *veja p. 184*), o bóson de Higgs foi proposto no início da década de 1960 pelo físico escocês Peter Higgs e outros pesquisadores. Eles afirmaram que o universo é preenchido com um campo de energia invisível. Esse campo – agora conhecido como o campo de Higgs – cria uma resistência nas partículas. Se uma partícula se move através desse campo com pouca ou nenhuma resistência, ela terá pouca ou nenhuma massa. Ao contrário, uma partícula interagindo significativamente com o campo terá uma massa maior. Bósons de Higgs inundam o campo e agem como intermediários entre o campo de Higgs e outras partículas. Quando outras partículas atraem bósons de Higgs, elas adquirem massa. É essa a razão de a matéria existir no universo. Sem bósons de Higgs, não haveria galáxias, estrelas, planetas ou vida na Terra (ou, pelo menos, o Modelo Padrão iria desmoronar).

O Grande Colisor de Hádrons (LHC) é um acelerador de partículas que colide prótons entre si a uma velocidade próxima à da luz (a regra da velocidade de Einstein proíbe que partículas viajem à mesma velocidade ou mais rápido do que a luz). O enorme LHC envia prótons acelerados, em direções opostas, através de um túnel oval de 27 quilômetros, que fica a 116 metros de profundidade na fronteira suíço-francesa. Quando os prótons colidem, eles produzem pequenas explosões, que imitam as condições do Big Bang e criam partículas elementares menores, incluindo bósons de Higgs. Embora bósons de Higgs existam apenas por um bilionésimo de um bilionésimo de um milionésimo de segundo, eles provam a existência do campo de Higgs.

Os físicos do CERN anunciaram a descoberta do bóson de Higgs em 4 de julho. "É incrível que isso tenha acontecido durante minha vida", exclamou Peter Higgs, de 83 anos, que estava presente no momento do anúncio. Em 2013, Higgs compartilhou o Prêmio Nobel de Física com o físico belga François Englert. O Modelo Padrão já está concluído e podemos dizer com confiança que galáxias, estrelas, planetas – e nós – realmente existem.

2014 — Ondulações do início do universo

Polo Sul: Ondas gravitacionais primordiais

Uma equipe internacional de pesquisadores que usam a imagem da polarização de fundo, ou BICEP2, no Polo Sul

Experimentos provam a existência de ondas gravitacionais, relatadas pela primeira vez por Einstein, em 1915, e confirmam a teoria da expansão cósmica, proposta por vários físicos na década de 1980, que diz que o universo se expandiu de forma extremamente rápida na primeira fração de um nanossegundo, depois do Big Bang.

A teoria da relatividade geral de Einstein diz que a presença de matéria no espaço faz com que o espaço se curve e cria um campo gravitacional. As ondas gravitacionais são ondulações no espaço-tempo. Quando se joga uma pedra em uma lagoa, ela provoca ondulações na água. Da mesma forma, buracos negros e estrelas colidindo causam ondulações ou ondas gravitacionais no espaço. Até agora ninguém tinha sido capaz de provar a elegante ideia do grande cientista sobre as ondas gravitacionais.

Em 1965, os cientistas descobriram uma marca criada por ondas gravitacionais 380 mil anos após o Big Bang, o que aprimorou nossa compreensão do universo primitivo (*veja Radiação Cósmica de Fundo em Micro-ondas, p. 179*). Na década de 1980, os cientistas calcularam que no primeiro bilionésimo de trilionésimo de quadrilionésimo de segundo após o Big Bang, o universo se expandiu a uma taxa incompreensível, que realmente excedeu a velocidade da luz. Imagine uma ervilha crescendo ao tamanho da Via Láctea, em menos tempo do que um piscar de olhos.

Usando detectores BICEP2 no Polo Sul, onde o ar fresco e seco proporciona condições de visualização estáveis, os pesquisadores observaram, por quase dois anos, redemoinhos na polarização da radiação de fundo em micro-ondas. Suas medições mostram que, como previsto, o universo de fato expandiu a uma taxa inimaginável em sua primeira fração de nanossegundo. As medições também apoiam a ideia tentadora do multiverso contendo vários universos paralelos.

Veja também *Big Bang, p. 139; O Universo em expansão, p. 145.*

DO MESMO AUTOR:

Ideias geniais: os principais teoremas, teorias, leis e princípios científicos de todos os tempos.

Ideias geniais na matemática: maravilhas, curiosidades, enigmas e soluções brilhantes da mais fascinante das ciências.

Ideias geniais controversas: teorias não comprovadas, mistérios, coincidências, algumas bobagens e muitas hipóteses intrigantes da (pseudo)ciência (e por que são questionáveis...).

Este livro foi composto com tipografia Minion Pro e impresso
em papel Off-White 70 g/m² na Intergraf.